U0037499

大旗出版
BANNER PUBLISHING

大旗出版
BANNER PUBLISHING

歷史
不忍細讀

編者序

歷史，history，源於拉丁文loropld，它的本意是通過對目擊者的證詞進行調查，以了解事實的真相。所以，歷史學從一開始，就不僅僅是去收集證詞，而是通過探索，去尋求真理。

古希臘時代，一位名叫戴奧尼西的歷史學家給歷史學下了非常準確的定義：「歷史是一種以事實為訓的哲學。」歷史在發展，人們隨著新的改造世界的活動，自己的認識能力也在不斷地提高。歷史學家的職責不但是對歷史真相孜孜不倦的追尋，而且是對歷史不斷地作出新的解釋。

閱讀歷史，我們常常會讀出幾分含混和閃爍，這也許正是史學家們的難言之隱，因而有些史事是被誤讀的，而那幾分的含混和閃爍中，隱藏著的往往正是真實的細節和生動的故事。

中國央視《百家講壇》節目的成功，催生了一股讀史風潮，這股讀史風潮席捲書市。而針對當時影視、文學作品戲說歷史成風的現狀，市場上推出「正說」系列，解密歷史真相，從此開始一股全民「讀史熱」，掀起了一波又一波的高潮。《百家論壇》作為一本應運而生，面向歷史愛好者，在通俗解讀的基礎上，正說歷史，「揭歷史謎團，還歷史真相」，使人們能在輕鬆的閱讀中解讀歷史。

應廣大讀者的要求，我們以「破解謎團、還原真相」為主要內容，將知識性、考證性、故事性、趣味性作為遴選文章的取向，將《百家論壇》部分文章整理、歸類、輯結成書出版，以便於閱讀、收藏和研究。希望這本書能幫助您了解燦爛中華的文史傳承，引領您去走入歷史與文化的更深處。

本書所收文章正說歷史，有些是作者的調查、考證和探索，有些是歷史事件知情者、親歷者的回憶，注重通俗化與可讀性，主要以大眾為讀者對象。閱讀這本書，讀者會產生猶如穿越時光隧道，走進一個熟悉而又陌生國度的新奇、驚異和刺激感。

培根的名言說「歷史使人明智」，司馬遷說研究歷史可以「別嫌疑，明是非，定猶豫」，「補敝起廢」，正是這樣，當你在現實中遇到什麼事情沒辦法下決斷時，可以去翻翻歷史書，也許會有類似例子可供借鑑。

目錄

目　錄

第2篇　破解謎團

第1篇 事件追蹤

青史上留一筆的美名與惡名，後世皆諸多批評；兩千多年來的各種歷史問題，或許都需我們去重新研究、探討。

為始皇平反：秦始皇焚書時留有完整備份

曹昇

天下讀書人都知道「焚書坑儒」，這是秦始皇統一六國後為統治思想文化而採取的兩項重大措施，而後世多持惡評。魯迅用它來和希特勒焚書相比，博爾赫斯用它和造長城來對秦始皇大發議論。這次事件是一個轉捩點，此後，秦朝的社會矛盾日益顯現，不穩定因素開始增多；對秦始皇而言，這次事件之後，他由一個比較開明的君主開始變為專制暴君。那麼，有關此事的種種細節和實際後果是什麼呢？對於這件事秦始皇有什麼苦衷嗎？

焚書令

針對淳于越封建諸侯的提議，李斯上書嬴政作答。書曰：

五帝不相複，三代不相襲，各以治，非其相反，時變異也。今陛下創大業，建萬世之功，固非愚儒所知。且淳于越所言，乃三代之事，何足法哉？異時諸侯並爭，厚招遊學。今天下已定，法令出一，百姓當家則力農工，士則學習法令辟禁。今諸生不師今而學古，以非當世，惑亂黔首。

丞相臣斯昧死言：古者天下散亂，莫之能一，是以諸侯並作，語皆道古以害今，飾虛言以亂實，人善其所私學，以非上之所建立。今皇帝並有天下，別黑白而定一尊。私學而相與非法教，人聞令下，則各以其學議之，入則心非，出則巷議，誇主以為名，異取以為高，率群下以造謗。如此弗禁，則主勢降乎上，黨與成乎下。禁之便。

至於如何禁止，書中再道：

臣請史官非秦記皆燒之。非博士官所職，天下敢有藏詩、書、百家語者，悉詣守、尉雜燒之。有敢偶語詩書者棄市。以古非今者族。吏見知不舉者與同罪。令下三十日不燒，黥為城旦。所不去者，醫藥卜筮種樹之書。若欲有學者，以吏為師。

書上嬴政，嬴政批道，可。意思就是，我看行。

這便是歷史上著名的秦火焚書了。對於此舉，後世多持惡評。然而，在附和過往那些罵聲之前，我們有必要詳細了解有關焚書的種種細節和實際後果。誇人要誇到癢處，罵人則要罵到痛處。知己知彼，方能百罵不殆。倘一聞焚書二字，也不深究，便即拍案而起，破口大罵，作激憤聲討狀，竊以為不免「操」之過急。

首先，從李斯的視角看去，焚書有它的邏輯必然性。在李斯的上書中，對淳于越請求分封之事，只用了「三代之事，何足法哉」八個字，便已駁斥一盡。隨即，將淳于越之流定性為「不師今而學古，以非當世，惑亂黔首」。而像淳于越這樣的人，所在多有，「人聞令下，則各以其學議之，入則心非，出則巷議」。人之所學，則是源於書本，因此，禁書乃至焚書便是斬草除根的應有之義了。

古人竹簡刀筆，著書匪易。不比今日，每年都有數十萬種著做出版面世，借用叔本華的話來說，還都是些「內容豐富、見解獨到而且全是少不得」的著作。這也就決定了帝國焚書的品種不可能太多，大致為：

一、史官非秦記者，即六國之史記，以其多譏諷於秦。

二、詩書、百家語。尤其詩書，乃是淳于越之流以古非今的武器倉庫。燒之等於繳械，看爾等還怎麼援引過去。

需要特加注意的是，從李斯的上書可知，當時帝國所有的書籍，包括明令燒毀的在內，在政府中都留有完整的備份。朱熹也云：秦焚書也只是教天下焚之，他朝廷依舊留得；如說「非秦記及博士所掌者，盡焚之」，則六經之類，他依舊留得，但天下人無有。

焚書辯

對帝國的這一舉措，清人劉大魁的解釋是，「其所以若此者，將以愚民，而固不欲以自愚也」。而在我看來，帝國將這些禁書善加備份收藏，並不以悉數銷毀為快，除去不欲自愚外，也應存有一種責任心和長遠考慮。好比我們都知道，天花病毒曾經肆虐了幾個世紀，奪去了數千萬人的生命，給人類帶來巨大而深重的災難。儘管如此，人類卻也並沒有將天花病毒徹底銷毀，讓它永遠消失於地球，而是分別在莫斯科和亞特蘭大的兩個實驗室裡保存了少量樣本，以備研究，或應對任何人力無法預測的不時之需。

至於民間，如果私藏禁書，抗拒不交，後果又會如何？答曰：「令下三十日不燒，黥為城旦。」也就是說，將接受黥面和戍邊築長城的處罰。在今天看來，這樣的後果無疑是嚴重的，但在刑罰嚴酷的秦國，這卻算得上是輕罰了，並不嚴厲。而且，這樣的處罰還是在藏書被官府發現的前提之下，如果未被發現，自然也就不用追究。

由此可見，在當時的禁令中，焚書並非第一要務。「夜半橋邊呼孺子，人間猶有未燒書。」李斯和嬴政自然也明白得很，焚書哪能焚得盡！焚書只是一種手段而已。且看：

有敢偶語詩書者，棄市。以古非今者，族。

我們會很奇怪地發現，偶語詩書的罪罰，居然遠比私藏詩書的罪罰還重。私藏詩書不過黥為城旦，偶語詩書卻要棄市掉腦袋。再加上罪罰更重的「以古非今者，族」這一條，可以判斷，禁令的最大目的，是禁止民眾議論當今政治，其次是禁止民眾討論古代政治。歸結為一句話：禁止議論政治。庶人不議，然後天下有道，這大概就是禁令背後的邏輯依據吧。

焚書自然是不對的，不好的。對帝國而言，言論窒息、萬馬齊瘖才是最恐怖的。防民之口，甚於防川。自古以來，防川有兩種方法。一是封堵，鯀便是採用此一方法，結果洪水越發肆虐，自己則被帝堯派祝融殺於羽郊；二是疏導，鯀的兒子大禹，則是採用此一方法，最終治水成功。

為帝國之久遠計，理應保持一定程度上的言論自由，從而有疏導之效，收善治之功。以我所見，當以北宋朱弁《續骫骳說》中士氣一條，倡此論最為精妙，姑錄於下：

一身之盛衰在於元氣，天下之盛衰在乎士氣。元氣壯則膚革充盈，士氣伸則朝廷安強。故善養生者使元氣不耗，善治國者使士氣不沮。欲元氣不耗，則必調飲食以助之，而咽喉者，所以納授飲食也。欲士氣不沮，則必防壅蔽以達之，而言路者，所以開導壅蔽也。近取諸身，遠取諸物，遠近雖殊，治道無二。

再回到焚書，其對古籍造成的損失究竟有多嚴重？時至今日，已經很難做出確切判斷。《史記．六國年表》云：「詩書所以複見者，多藏人家。」王充《論衡．書解篇》云：「秦雖無道，不燔諸子，諸子尺書文篇具在。」這兩條記載表明，至少在漢代，古籍中的精華部分——詩書諸子，都還完整地倖存了下來。

另一方面，由於所有的古籍都在宮廷留有備份，只要秦國不滅，可想而知，這些古籍便將一直完好地留存下去。然而，諸多古籍湮滅無蹤，後世永不得複見，這卻要特別感謝我們的項羽先生。

眾所周知，項羽先生不愛讀書，生性暴戾，伊攻入咸陽之後，首先是屠城，然後搜刮金錢婦女，臨去再是一把大火，燒秦宮室，火三月不滅。帝國的珍貴藏書，就此付之一炬。可憐唐、虞、三代之法制，古先聖人之微言，最終只化為若干焦耳的熱量而已。

所以，劉大魁作《焚書辨》，毫不客氣地指出：「書之焚，非李斯之罪，實項羽之罪也。」

單就秦國焚書而言，其所引起的實際損失，可能也並沒有像想像的那樣嚴重。《漢書．藝文志》所載六百七十七種著作，其中約有五百二十四種，即七十七%，現在已不復存在。這個事實說明，漢以後的幾個世紀，特別在印刷術流行前，文獻損壞所造成的總的損失，也許甚至大於秦代的焚書。因此，可以想像，即使沒有焚書之事發生，傳下的周代的殘簡也不可能大大多於現在實際存在的數量。

歷代焚書簡史

關於焚書，李斯並非始作俑者。前此，孟子有云：「諸侯惡周禮害己，而皆去其典籍。」《韓非子》也云：「商君教孝公燔詩、書而明法令。」

到了後世，焚書更是屢見不鮮。

隋人牛弘作《上表請開獻書之路》，歷數書之五厄（不知何故，漏卻項羽）：

秦皇馭宇，下焚書之令。此則書之一厄也。王莽之末，長安兵起，宮室圖書，並從焚燼。此則書之二厄也。孝獻移都，吏民擾亂，圖書縑帛，皆取為帷囊。所收而西，載七十餘乘，屬西京大亂，一時燔蕩。此則書之三厄也。劉、石憑陵，京華覆滅，朝章國典，從而失墜。此則書之四厄也。周師入郢，蕭繹收文德之書，及公私典籍，重本七萬餘卷，悉焚之於外城，所存十才一二。此則書之五厄也。

明人胡應麟著《少室山房筆叢》，在牛弘所論五厄之外，再增補五厄，列為「十厄」：

隋開皇之盛極矣，未幾皆燼於廣陵；唐開元之盛極矣，俄頃悉灰於安史；肅代二宗洊加鳩集，黃巢之亂複致蕩然；宋世圖史一盛於慶曆，再盛於宣和，而金人之禍成矣；三盛於淳熙，四盛於嘉定，而元季之師至矣。然則書自六朝之後，複有五厄。

到了滿清，大興文字獄，倒楣的便不僅是書，更包括了著書者和藏書者。因觸犯忌諱，生者淩遲杖斃，誅滅三族，死者剖棺戮屍，挫骨揚灰，如此案例已是不勝枚舉。倉頡造字而鬼神哭，莫非鬼神早有先見，知有滿清之劫，故而預為號慟乎？

文字獄之興起，正值所謂的康乾盛世，持續近百年，時間之長，禍害之烈，株連之多，處罰之慘，力度之大，實屬空前。

僅一七七二年至一七八八年的乾隆文字獄，所列的兩千三百二十種禁書和其他三百四十五種部分取締的書中，只有四百七十六種倖存，不到所列數的十八％，而這還是發生在印刷術業已普及的情況之下。

滿清在焚書禁書之餘，卻也修書，即《四庫全書》。然而，這其中又有貓膩。說起來，他們用的也是春秋筆法，寓褒貶於字裡行間。但他們褒的都是誰呢？不僅他們自己，連過去的契丹、女真、蒙古、遼、金、元等，也一併褒贊在內。八竿子都打不著的關係，他們何必做這份人情？原因很簡單，他們有一個最大的共同點，那就是對華夏而言是異族，是侵略者。

而在編纂過程之中，對那些反映民族矛盾、民族壓迫和漢民族戰鬥精神的作品，則是儘量摒棄和抽毀，對於不能不收錄的名家名作，則大肆篡改。比如，岳飛《滿江紅》的名句：「壯志饑餐胡虜肉，笑談渴飲匈奴血」，經過刪改之後，變成了「壯志饑餐飛食肉，笑談欲灑盈腔血」。

對此，魯迅先生曾評價道：「單看雍正乾隆兩朝的對於中國人著作的手段，就足夠令人驚心動魄。全毀、抽毀、剜去之類也且不說，最陰險的是刪改了古書的內容。乾隆朝的纂修《四庫全書》，是許多人頌為一代之盛業的，但他們不但搗亂了古書的格式，還修改了古人的文章；不但藏之內廷，還頒之文風較盛之處，使天下士子閱讀，永不會覺得我們中國的作者裡面，也曾經有過很有些骨氣的人。」於是有嘆：「清人纂修《四庫全書》而古書亡。」

相對於原始的火燒而言，這豈不是更高層次上的焚書嗎？

如契訶夫所言，別人的罪孽，並不會使你變成一個聖人。儘管幹過焚書之事的遠非李斯一人，但這並不足以成為給李斯開脫的藉口。李斯的焚書，開了皇權政府赤裸裸地扼殺民眾思想的先河，不僅在當時釀下了嚴重後果，也對後世產生了深刻的心理影響。

坑儒的由來

說到焚書，人們馬上就會聯想到坑儒。坑儒發生在焚書的次年，即嬴政三十五年（西元前212年），其由來是這樣的：

且說六年之前，嬴政狂熱地迷上了仙人和不死神藥，四處籠絡和招攬術士，酬以重金，資助他們為自己去尋訪仙人和不死神藥。前後幾次尋訪，都以失敗告終。嬴政並不氣餒，資助的規模和力度反而越發加大。

於是乎，在術士的小圈子內，交口傳遞著這樣的消息：此處皇帝傻，錢多，速來。一時間，滿世界的術士雲集咸陽。嬴政倒也是多多益善，來者不拒，只要術士提出一個主意，馬上就能圈到一筆龐大的經費。嬴政心中清楚，這四方奔來的術士，大半都是南郭先生，可是沒關係，他不在乎這些錢。路漫漫其修遠兮，吾將廣種而薄收。

然而，一晃眼六年時間過去了，連仙人和不死神藥的影也沒見著。術士們不免心虛起來，事已至此，不管好賴，總得給嬴政一個交代。術士們也不傻，自然不會老實承認，世上本沒有仙人和不死神藥，因為我們術士多了，所以就有了。他們可不想砸了自己的飯碗，他們還想繼續從事這份無本萬利的職業，於是行起緩兵之計，將失敗的責任推到嬴政身上。

術士盧生向嬴政彙報道，臣等之所以屢次求仙人和不死神藥而不得，是因為有惡鬼從中作祟。陛下應該忘記皇帝的身分，將自己打扮成普通人，以避開惡鬼。避開了惡鬼，則真人自至。陛下也不能處理國事，不能接觸朝中大臣，否則就不能恬淡，為真人不喜。陛下所居之宮，亦不可讓任何人得知。陛下做到了這些，就一定可以得到不死之藥。

盧生這一番堂皇的理論，未嘗不是一種自脫之術。讓嬴政放棄權力，遠離國事，與世隔絕起來，這個要求未免高得有些離譜。按盧生的想法，最好就是嬴政知難而退，不願配合，然後求仙這事就這麼自然而然地黃掉。無奈，嬴政已是走火入魔，真信了盧生的話。為了成仙不死，這點代價算得了什麼！

嬴政誠意十足。他首先放棄了「朕」這一皇帝的專用自稱，改而自稱真人。又按照盧生的建議，將咸陽兩百里之內的宮觀，以復道和甬道相連，每個宮觀之內，皆充以帷帳鐘鼓美人，以亂人視聽。行蹤所到之處，膽敢洩漏者，死罪。

帝國的政務處理，照舊在咸陽宮內進行，只是嬴政不再出席。群臣奏事，則對著空空的皇帝寶座，彷佛是在對著藍幕表演，煞是考驗他們的演技。

某日，嬴政駕幸梁山宮，從山上見丞相李斯車騎甚眾，心中大為不快。有中人悄悄轉告李斯，李斯於是輕車簡從。嬴政知道後大怒，道：「此中人泄吾語。」尋找洩密者，無人應承。於是詔捕當時所有在身邊的人，一律殺之。從此之後，再無外人得知嬴政的行蹤。

嬴政此舉，雖未必是衝著李斯去的，卻也讓李斯的面子上很不好看。而在那些術士們看來，嬴政為了成仙，連丞相李斯，他最親密的戰友，都不惜翻臉，可見其對成仙的認真和執著。

嬴政越執迷不悔，給術士的壓力則越大。如果一旦嬴政意識到自己被騙，則他將要展開怎樣的報復！要知道，嬴政可不是《皇帝的新衣》裡面那個笨蛋皇帝，他是絕不會吃啞巴虧的。

那些先知先覺的術士，開始惶惶不可終日。這次是蒙混過關了，可下次呢？再這麼欺騙下去，遲早要出事，而且一出必是大事。富貴誠可貴，性命價更高，三十六計，走為上策。

所坑實為術士

最早開溜的術士是侯生和盧生。荒謬的是，臨走之前，兩人還煞有其事地來了一場技術性探討，得出嬴政求仙必然不能成功的結論。而這段談話，也不可思議地被史冊記載了下來：

侯生和盧生相與謀曰：「始皇為人，天性剛戾自用，起諸侯，併天下，意得欲從，以為自古莫及己。專任獄吏，獄吏得親幸。博士雖七十人，特備員弗用。丞相諸大臣皆受成事，倚辨於上。上樂以刑殺為威，天下畏罪持祿，莫敢盡忠。上不聞過而日驕，下懾伏謾欺以取容。秦法，不得兼方，不驗，輒賜死。然候星氣者至三百人，皆良士，畏忌諱諛，不敢端言其過。天下之事無小大皆決於上。每日批復表箋奏請，重達一百二十斤，不滿不休息。貪於權勢至如此，未可為求仙藥。」

且說侯生和盧生二人亡命而去，嬴政的憤怒是可想而知。別人逃跑也就罷了，可偏偏是你們兩個！要知道，我豢養的術士雖多，卻獨獨對你二人最寄厚望。凡你們所求，無不應允，凡你們所欲，無不得到。我何曾虧欠過你們？我何曾讓你們做難？試問，我還需要做些什麼，才能讓你們更加滿意？可是沒用，可是你們還是要逃！你們當我是什麼，一個可以愚弄在股掌之間的冤大頭嗎？

說起來，侯生和盧生這兩人也確實不地道，光顧著自己逃命，卻渾然不顧那些還留在咸陽的同行們的死活。果不其然，他們剛逃走沒幾天，一場災難就開始降臨在他們的同行身上。

嬴政一聲令下，還沒來得及逃離咸陽的術士們被悉數緝拿歸案，關押一處，先由御史宣讀詔書。詔書曰：

> 吾前收天下書不中用者盡去之。悉召文學方術士甚眾，欲以興太平，方士欲練以求奇藥。然而，韓眾入海求仙，一去再無音訊。徐市等費以巨萬計，終不得藥。盧生等吾尊賜之甚厚，冀望極深，數年來卻毫無所獻，徒奸利相告日聞，欺吾仁厚而不忍責罰也。今盧生等不思圖報，乃亡命而去，又複誹謗於我，以重吾不德。諸生在咸陽者，吾使人廉問，或為妖言以亂黔首。

詔書宣讀完畢，接著就是要老實交代問題了。嚴刑拷打之下，諸生為求自免，互相揭發，乃至不惜編造，牽引誣告。審理下來，得犯禁者四百六十餘人，皆坑於咸陽，使天下知之，以為警戒。

此一事件，後世往往和焚書並列，合稱為焚書坑儒。但究其原委，所謂坑儒，本只是對良莠不齊的術士隊伍的一次清理整頓而已。這被活埋的四百六十餘人，乃是候星氣、煉丹藥的術士，並非儒生。司馬遷在《史記．儒林列傳》中也有明言：「及至秦之季世，焚詩書，坑術士。」可見，根本就沒儒生什麼事。

那麼，坑術士又是在何時開始被誤傳為坑儒的呢？

坑儒考

首先提出坑儒的，是在東晉年間。梅頤獻《古文尚書》，附有孔安國所作的《尚書序》，其中有云：「及秦始皇滅先代典籍，焚書坑儒，天下學士，逃難解散。我先人用藏其家書於屋壁。」這時，坑術士第一次被變性為坑儒。後來，隨著《古文尚書》被定為官書，坑儒的說法於是沿襲下來，遂成定論。

對於梅頤所獻的《古文尚書》及孔安國所作《尚書序》，前人多有辨疑，到了清代，其偽書的身分已成蓋棺定論。偽造者雖千差萬別，心態卻完全一致，那就是莫不希望以假當真，成功蒙蔽世人。譬如，造假書畫的人，在造假完畢之後，總會不辭辛苦，再偽造出名家的印章和題跋，以標榜名家品鑑，流傳有緒。《古文尚書》的偽造者雖已不能得知，但其心態卻也同樣如此，所以才會多偽造出《尚書序》來，並假託在孔安國名下，以形其真。

偽造者將坑術士改為坑儒，其實也只是為了引出下句「我先人用藏其家書於屋壁」，從而表示《古文尚書》其來有自。考其最初用意，大概也只是欲售其偽，並無心向嬴政潑髒水。後世卻據此將坑儒判為鐵案，想必是大大出乎其意料之外的了。

作為掌握了主流話語權的儒者，他們也無意糾正這一錯誤。一方面，他們高唱復古師古之調，另一方面，他們卻又深諳一切歷史都是當代史的道理，只要歷史有利於當下，則其真偽又有什麼要緊的呢？從理智上，他們也許懷疑坑儒是否確有，但從利益和感情上，他們卻寧願相信坑儒是為必有。

坑術士變成了坑儒，對他們無疑是有利的。這樣一來，嬴政就成了一個負面典型，可以被他們經常拿來念叨，他們念叨的目的，還是不外乎給當時的帝王聽。你看，嬴政就因為坑了儒生，帝國迅速土崩瓦解不說，還落下了千古罵名。所以，陛下英明，不用微臣再多提醒……

坑術士變成了坑儒，也可以滿足他們的感情需求。這倒不是說他們患有「被迫害妄想症」，而是他們作為一個群體，要維持自己的團結和信仰，除了聖賢經典之外，同樣需要一些殉道者，一些聖徒。而話語權在握，自然可以為本群體追認烈士，即使這些烈士並不存在，那也可以通過修改史料創造出來。而有了這些殉道者的存在，他們這一儒家群體也就添加了無限的榮耀和光輝。

儒者將坑術士攬到自己頭上，心安理得地將自己打扮成受害者，並從中得到了莫大的安慰。如果你說坑的其實不是他們，他們一准得跟你急，你幹嗎不坑我們儒生，你瞧不起我們還是怎麼的？

然而，在當時嬴政的心目中，儒生的地位的確遠不如術士高。儒生只會以古非今，而術士卻可以讓他成仙不死，兩者的重要性自然不可同日而語。以儒生當時的地位，也根本不可能引得嬴政如此大動肝火，痛下殺手。

當然，自漢以來，儒家的地位迅速提高。時至今日，儒依然作為一個褒義詞而存在。比如說儒商，雖實際是商，卻也得把儒擺在商前面，以便附庸風雅。然而，儒商這詞，其實和後現代這類詞一樣，純屬胡言亂語，不知所云。儒商不兩立，要麼就儒，要麼就商，焉能兼得？

從雲夢秦簡看秦國的國有制經濟

楊師群

在一般人的印象中，中國封建時代的經濟是地主土地私有制經濟。然而，從雲夢秦簡看，秦國的經濟並不是人們所想的那樣……

根據雲夢秦簡及其有關史料，深入剖析秦國的經濟基礎，我們發現其國有制經濟占據了主導地位，而不是傳統理論所說的主要是地主制經濟。這樣，商鞅變法後秦國的社會性質與所謂地主階級幾乎沒有任何關係。因此，商鞅變法乃至春秋戰國之際社會變革中的一系列重大歷史問題，都需要我們去重新研究探討。

土地國有制

商鞅變法實行「明尊卑爵秩等級，各以差次名田宅，臣妾衣服以家次」的政策，說明秦國貴族官僚的田宅數量應與其爵秩等級相符，官爵一旦失去，田宅也就不能保留。所以「乃封甘羅以為上卿，複以始甘茂田宅賜之」。甘羅為故丞相甘茂之孫，如田宅為私有，何須朝廷複賜之，可見甘茂被讒害出奔外國，其田宅遂為國家收回。張金光指出：「商鞅實行的田制改革，其實質就是土地國有化。」而並非私有化。

秦簡《徭律》說：禁苑「其近田恐獸及馬牛出食稼者，縣嗇夫材興有田其旁者，無貴賤，以田少多出人，以垣繕之，不得為徭」。秦既按官爵等級分配田宅，而農民則予授田，那麼「有田其旁者」中既有「貴賤」之分，自然也就有「田少多」之別了。許多人將此條律文作為秦存在私有土地的證據，其論證是不嚴謹的。

《商君書·境內》規定：軍士「能得甲首一者，賞爵一級，益田一頃，益宅九畝，除庶子一人，乃得人兵官之吏」。益田一頃，乃授田之數。就是說有軍功的士卒，可得加倍授田，並派給無爵平民「庶子」一人前去助耕。這樣的軍功田，肯定也要「身死田收」。

《秦律雜抄》規定：「戰死事不出，論其後。」只有父親為國戰死，兒子才能承受其父的軍功爵田。如果「又後察不死，奪後爵，除伍人；不死者歸，以為隸臣」。可見子承父爵是被嚴格控制的，對違反者的懲罰是極其嚴厲的，甚至要降為奴隸。這一規定也說明父親的軍功爵田，不是兒子可以隨便世襲的，它依然是國有土地。

秦簡中沒有一條允許土地買賣和世襲的律文，就可以說明國家是不承認土地私有制的。《封診式》中有一案例，查封了某里士伍甲的家產，其中包括「室、妻、子、臣妾、衣器、畜產」，其後一一詳記，細緻到「牡犬一」之類私產，然而其中就是沒有土地一項，即是最好的證明。所以將軍王翦不可能用買賣的辦法去獲取土地，而只能乘征戰前夕向秦王請求賜予土地，並「請田宅以為子孫業」。即要求允許被賜土地世襲的特權，卻還是被秦王婉言拒絕。

秦統一前後，經常大批強制遷徙豪富和民眾，如「始皇二十六年，徙天下豪富於咸陽十二萬戶」。此類記載絕非個別現象，更可以有力地證明，秦國沒有土地私有制的概念，國家可以任意遷徙人民。否則就很難設想，國家可以如此頻繁且大規模地遷徙豪富與民眾。

商鞅變法的「制轅田」措施，實際上已有國家授田的性質。而秦國普遍實行授田制，可以從秦簡中窺見一斑。《田律》規定：「入頃芻、稾，以其受田之數，無豤不豤，頃入芻三石，稾二石。」《法律答問》說：「部佐匿諸民田，諸民弗知，當論不當？部佐為匿田，且何為？已租諸民，弗言，為匿田；未租，不論為匿田。」在當時國家對土地租稅合一的情況下，所謂「租諸民」，亦應即是授田予民，而收取租賦之意。其「部佐」，乃鄉部之佐，漢代稱「鄉佐」。《續漢書．百官志》云：「又有鄉佐，屬鄉，主民，收賦稅。」即當時所謂「斗食之秩」的鄉村小吏。

國家讓如此基層的小吏掌管土地的租授權，便可清楚說明授田制的普遍程度。而授田制的普遍實行，又無可爭辯地證實了國家土地所有制的支配地位。袁林說：「戰國，特別是商鞅變法之後秦國的基本田制為授田制，此制一直延續到秦始皇統一六國之後。」

《田律》規定：莊稼生長後下了及時雨，和穀物抽穗，縣裡負責農業的官吏應及時向朝廷書面報告受雨、抽穗的土地面積，及已開墾而還沒有耕種的土地頃數。如遇旱災、暴風雨、澇災、蝗蟲，及其他自然災害也都要詳細向朝廷書面報告。前述禁苑周圍要求縣令安排人力修繕圍牆，以防牛馬出來糟蹋莊稼等等。這些都說明如果不是國家土地所有制占支配地位，朝廷就不會對基層官吏做出這樣細緻的農業管理方面的法律約束。

秦不但將大部分土地授給農民耕種，同時還有相當部分土地由國家奴隸直接耕種。《倉律》規定：「隸臣田者，以二月月稟二石半石，至九月盡而止其半石。」二月至九月正值農忙季節，故每人口糧增加半石。《倉律》還詳細規定了每畝地種籽的使用量，以防止主管倉庫的官吏侵吞種糧，也防止奴隸浪費或食用種糧，說明奴隸直接耕種國家土地的情況也絕不在少數。

據《廄苑律》可以看到，國家還有著許多面積廣大的直屬牧場：太廄、中廄、宮廄等。飼養著大批公家的牛馬，其中包含著相當數量的耕牛。「以四月、七月、十月、正月膚田牛。」進行耕牛評比，成績優秀的有獎賞，成績低劣的要處罰，甚至用牛耕田，牛的腰圍減瘦了，每減瘦一寸要笞打主事者十下。國家為什麼如此重視保護耕牛，其答案只有一個：因為有大片的國家土地需要這些牛去耕種，如果耕牛減少或體質減弱，都會直接影響國家的農業收成。

同時，國家還有專門人員「牧公馬牛」，游牧於若干縣或更大的地區之間。《廄苑律》要求：「將牧公馬牛，馬牛死者，亟謁死所縣，縣亟診而入之。」即游牧到哪裡，有牛馬死亡，便應及時向所在縣呈報，再由縣加以核驗後上繳。這種國家管理的游牧生產方式，如在有許多私有土地的地區是不可能進行的，只有在基本上屬於國家土地所有制的條件下，才能進行生產。

另外，專供統治者游獵玩賞的國有苑囿園池，也占有後人難以想像的廣大國土。《徭律》說：「縣所葆禁苑之傅山，遠山，其土惡不能雨，夏有壞者，勿稍補繕，至秋無雨時而以徭為之。」這種包含著遠近山嶺的禁苑，要興徭役予以修繕，可見其面積之廣大。而秦始皇更是大築園池。「引渭水為長池，東西二百里，南北三十里。」又複「廣其宮，規模三百餘裡，離宮別館，彌山跨谷……表南山之巔以為闕，絡樊川以為池」。所營造的渭南上林苑，所占面積已相當可觀，而秦始皇「嘗議欲大苑囿，東至函谷關，西至雍、陳倉」。

如果秦推行或承認土地私有制，那麼上述的離宮別館、苑囿園池就很難修築了，而秦始皇那種擴大苑囿的想法，更成了癡人說夢了。換句話說，只有在土地國有制的基礎上，上述之事才是現實和可能的。

《田律》還規定：春天二月，不准到山林中砍伐木材，不准堵塞水道。不到夏季，不准燒草作為肥料，不准採取剛發芽的植物，或捉取幼獸、鳥卵和幼鳥……不准毒殺魚鱉，不准設置捕捉鳥獸的陷阱和網罟。只有到七月份才解除禁令。國家有資格管得如此之寬，清楚地說明，所有山澤、河川、林木、叢草及野生動物都屬國家所有，否則這些條令就毫無意義了。

總之，整部秦簡中非但沒有承認土地私有制的有關法律，甚至連私有土地的概念也不存在。因此《法律答問》中關於「盜徙封，贖耐」的律文，只能是宣布國有土地制度和支配這些土地的授田制的不可侵犯，而不可能是在保護什麼私有土地。

據上分析，我們可以下這樣的結論：商鞅變法後秦國是土地國有制占據了絕對支配的地位。

國營工商業

秦國於西元前三七八年「初行為市」。才十幾年，商鞅變法就開始設置重法，竭力壓抑私營工商業的發展。「事末利及怠而貧者，舉以為收孥。」商鞅簡直就是把私營工商業者看做罪犯，而要使其淪為奴隸。雲夢秦簡也大致繼承了這一基本國策，使私營工商業在變法後也沒有多少發展餘地。

《商君書．墾令》是變法「墾草令」的底本，其中透露出商鞅採取的一系列抑商措施，而其在秦簡中也有反映。首先「重關市之賦」，就是「不農之徵必多，市利之租必重」。用關市盤剝私商的利潤，從而限制其發展。《法律答問》有一條說：「盜出珠玉邦關及賣於客者，上珠玉內史，內史材予購。」這裡嚴禁偷運貴重物品出境貿易，否則大多要處以「耐罪以上」。可見由於關賦重，偷運之事不少，而其嚴禁又必將阻礙各國間正常的商業貿易往來。

再者，商鞅實行「壹山澤」政策，就是國家獨占山澤之利，實行鹽鐵專賣，在各地設置鹽鐵官，控制其生產與流通領域。《秦律雜抄》中記載秦負責採礦、冶鐵的官府有「右府、左府，右採鐵、左採鐵」，其官吏有「嗇夫、佐、曹長」等，可見規模不小。《史記．太史公自序》就說其祖司馬昌任過「秦主鐵官」。

商鞅主張國家嚴格管制糧食貿易，「使商無得糴，農無得糶」，即商人不得進行糧食買賣。從上節國家土地所有制占支配地位的分析中，我們可以意識到，其結果之一也就是要由國家全面把握糧食的生產與流通。秦對農民「收泰半之賦」，一般民眾是不會有多餘的糧食出售給商人。《倉律》所記：「櫟陽二萬石一積，咸陽十萬一積。」說明國家府庫糧食十分充裕，從而使政府完全控制這一關係到國計民生的最重要物資。

商鞅還嚴禁雇傭制及其在運輸業諸方面的經營。「無得取庸」，「使軍市無得私輸糧者」，「令送糧無取僦，無得反庸」。《效律》也規定：「上即發委輸，百姓或之縣僦及移輸者，以律論之。」雇傭與運輸可以視之為私營工商業生存的基本條件，這些方面被扼死了，就無法正常運作了。同時，政府還嚴格苛求甚至加重其勞役負擔。商鞅規定：「以商之口數使商，令之廝、輿、徒、童者必當名。」《司空律》對一般以勞役抵償債務而雇用他人來代役的要求，只要年齡相當，都予允許。唯獨私營工商業者不得雇他人代役，「作務及賈而負債者，不得代」。可以說政府對私營工商業者特別歧視。

商鞅主張「貴酒肉之價，重其租，令十倍其樸」。由此來阻止私營飲食業、釀酒業的發展。《田律》規定：「百姓居田舍者毋敢酤酒，田嗇夫、部佐謹禁御之，有不從令者有罪。」在這樣嚴厲壓抑私營工商業的政策之下，可以說秦國的私營工商業是不可能得到多少發展的。

所以，當戰國之際，東方諸國隨著工商業蓬勃發展，出現了許多星羅棋布的商業都會，如「燕之涿、薊，趙之邯鄲，魏之溫、軹，韓之滎陽，齊之臨淄，楚之宛、陳，鄭之陽翟，三川之二周。富冠四海，皆為天下名都」。其中就是沒有一處是秦國的城鎮。

許多人在談及秦國的私營工商業時，往往舉出蜀卓氏、程鄭、宛孔氏諸位。其實，由於秦國打擊私營工商業者的政策，在兼併六國後，也把他國的私營工商業者流放到偏僻地區。《史記．貨殖列傳》說：「蜀卓氏之先，趙人也，用鐵冶富。秦破趙，遷卓氏，卓氏見虜略，獨夫妻推輦，行詣遷處。……致之臨邛，大喜，即鐵山鼓鑄。」秦要滅趙之後，再遷卓氏到蜀，而卓氏「獨夫妻推輦」而往，這樣要發財致富，比於封君，至少也要十幾年工夫。而秦統一後才十二年就爆發陳勝吳廣起義，秦政府已無暇顧及打擊私營工商業者了。程鄭、宛孔氏也是如此，「程鄭，山東遷虜也」，「秦伐魏，遷孔氏南陽」。三人至少要到秦朝末年，或由秦入漢之際才發達致富的。所以嚴格來講，三人並不能算作是秦國的私營工商業者。

那麼烏氏倮與寡婦清又是怎麼回事呢？《史記．貨殖列傳》說：「烏氏倮畜牧，及眾，斥賣，求奇繒物，間獻遺戎王，戎王什倍其賞，與之畜，畜至用谷量馬牛。」這烏氏倮並非職業商人，實乃「夫倮鄙人牧長」。而「秦始皇令倮比封君，以時與列臣朝請」。估計有安撫北方邊境之意。而「清，寡婦也，能守其業，用財自衛，不見侵犯。秦始皇以為貞婦而客之，為築女懷清台」。其實為褒獎貞婦而已。總之，二者都並非有秦朝重視私營工商業者的意味。

秦國一貫奉行壓制打擊私營工商業的政策，實際上也就是在全面推行官營工商業的發展，這一點在雲夢秦簡中有確切記載。

先是採礦冶鐵業。秦律中多處提到鐵器，如《金布律》說：「縣，都官以七月糞公器不可繕者……其金及鐵器入以為銅。」即將無法修理的官有器物中的銅和鐵上繳，以作為回爐的金屬原料。《司空律》明確要「為鐵工，以攻公大車」。即要設立鐵工作坊，來修繕公家的大車。前述官營採礦冶鐵機構還有「右府、左府、右採鐵、左採鐵」等。可以說秦國官營冶鐵業有相當的規模，鐵器的使用也極為廣泛。官府甚至還出借鐵製農具，《廄苑律》中有「假鐵器」條款。

其次是冶銅和製造各種兵器、用具，還包括製陶業的官府工室。從目前的文物資料看，各類工室分屬朝廷、郡、縣各級管理，如朝廷直接管理的工室有櫟陽、咸陽、雍城等國都所在城邑，屬郡一級管理的工室有上郡、蜀郡等，縣級工室最為普遍，幾乎各縣一般都置有。《工律》規定：「縣及工室聽官為正衡石累、計桶、升，毋過歲壹。」要求縣級工室每年校正一次衡器。據《秦律雜抄》，工室官吏包括工室嗇夫、工師、丞、曹長，還有工匠和大量隸臣（奴隸）、鬼薪（刑徒），可見其數量與規模都不小。

還有土木工程建築業，專管修城、建房、築路、造車及宮室營造事務。《徭律》說：「度功必令司空與匠度之……而以其實為徭徒計。」即在估算工程量時，必須有主管官員司空與匠人一起計算，再按工程量算出所需民工徒眾的數量。

據《司空律》看，為土木工程建築幹活的大多是服勞役的民工和大批刑徒，還有以勞役來贖債的人，及公、私各類奴隸。單從秦始皇修築阿房宮、長城所用數十萬民工計，這一官營工程建築業的規模是後人難以設想的。陝西出土的秦兵馬俑，更說明了這問題。

《秦律雜抄》記載有對漆園生產做評定的律文。鑄錢幣的官府手工業，《封診式》記載有不允許私鑄錢幣的案例。酒類的生產，《倉律》要求：「別粲、糯之釀，歲異積之，勿增積，以給客。」《廄苑律》中對評比耕牛成績優秀的，「賜田嗇夫壺酒」。可見官府有自己專門的酒類生產作坊。最有意思的是，官府手工業除生產自給外，還有商品生產，並在專門的官府市出售。

《關市律》規定：「為作務及官府市，受錢必輒入其錢中，令市者見其入，不從令者貲一甲。」很明顯，這一條法律在於防止官府市的營業員貪污，朝廷煞費苦心所擬制的這一法令告訴我們，當時官營商業的普遍性。如蜀守張若在成都置鹽鐵市官的同時，「修整裡，市張列肆，與咸陽同制」。說明咸陽諸城鎮官府市的規模更可觀。

所以，秦國的私營工商業在長期壓抑束縛下，步履維艱，很難發展；而官營工商業在國家扶持下，品種齊全，規模可觀，產量浩大。兩者的確切比例已無法估算，但有一點我們可以肯定，那就是當時秦國的官營工商業在國內占據著無可爭辯的主導地位。

國營經濟制度化，規範化

秦的國有制經濟占主導地位還有一些有力的佐證。我們先看「嗇夫」官職的普遍設置，秦律中有大嗇夫、縣嗇夫、官嗇夫、田嗇夫、倉嗇夫、庫嗇夫、亭嗇夫、司空嗇夫、廄嗇夫、皀嗇夫、苑嗇夫、工室嗇夫、漆園嗇夫等十多種，實際社會中恐怕還不止此數。其中大多數為基層管理經濟部門的官員，加上其佐官、工師、曹長等，數目很是龐大。

高敏指出：「秦時封建的國有經濟比重較大，特別是由於土地制度方面存在著封建的土地國有制。……正因為如此，就引起了設置各種『官嗇夫』以管理國有土地、耕牛、農具、種籽以及大車的製作與維修，僕役的徵集與獎懲等等的需要。」一句話，就是大量的國有制經濟部門需要有關的各級官吏去管理。我們看到漢代「嗇夫」官職的設置要明顯少於秦代，主要只有鄉一級的「鄉嗇夫」，「職聽訟、收賦稅」而已。

為什麼秦漢官職設置會有如此大的變化呢？高敏指出：「是同秦漢社會的封建國有經濟在整個社會經濟中的比重不同有密切聯繫的。」很有卓見。《論兩漢地主階級的形成及其性質特證》詳盡論證了兩漢土地私有制相對成立的過程，再加上兩漢私營工商業在較為鬆弛的統治下發展迅速的情況，都互相參證了上述觀點的正確性。

我們再來看秦國實行的稟給制度，或可稱國家供給制。據《金布律》、《倉律》、《司空律》、《傳食律》、《逸名律》的記載，秦時由官府稟給的物件是十分廣泛的，幾乎包括所有官府的奴隸、各類工匠、各種刑徒、現役軍人和各級大小官吏，皇室人員自不必多言，甚至包括外來的賓客。對各種人，稟給的內容和等級的差別自然是很大的。對於奴隸、刑徒和軍人主要稟給衣、食，而對官吏則優待有加，不但衣食俸祿，官府並配給廚師、車夫、車輛，直至牛馬的飼料，官員出差時還給予「傳食」津貼，傳食津貼除了糧食，甚至包括醬、菜、鹽之類。

我們知道，秦國的官奴、刑徒、軍人、官吏的數目都十分龐大，而國家要維持如此完整細緻的稟給制度，如沒有一定的物資基礎是不可想像的，而這些物資主要依靠國有制經濟各部門的相當規模的生產。

其國有制經濟的規劃性也相當突出，且管理嚴格。《商君書．徠民》提出「制土分民」的原則，計算出地方百里有可耕地五百萬畝左右，「可食作夫五萬」，即每戶授田一百畝，可授五萬戶。這授田制一直延續到秦始皇統一中國後的第五年，估計可以授出的全國土地差不多都已授完，便頒布了「使黔首自實田」的法令，袁林指出：「『使黔首自實田』，就是命令黔首自己去充實（充滿、具有）土地，即命令黔首按照國家制度規定的數額，自己設法占有定額的土地，國家不再保證按規定授田。」直到這時，有規劃的授田制才告一段落。

從《倉律》內容可以看到，國家主要使用倉庫加強對糧食諸農產品的管理。首先穀物、芻等入倉，都要登記封印，統計後向朝廷內史上報，同時上報當地食取口糧人員的名籍，及一些其他費用開支，這樣朝廷便可掌握各地糧食諸農產品的收支情況。倉庫進出都要稱量核對，物資如有被盜、損失、誤差，都要處罰有關人員。可以說，倉庫是國家農業生產規劃運作的樞紐。

《秦律雜抄》規定：「非歲功及無命書，敢為它器，工師及丞貲各二甲。」即不是官府工室本年度應生產的產品，沒有朝廷的特別命書，而擅敢製作其他器物，工師與丞各要罰二甲。說明朝廷每年都要給官府工室下達生產任務。

對採礦、冶鐵業也同樣「賦歲功，未取省而亡之，及弗備，貲其曹長一盾」。即朝廷要收取每年規定的產品數量，如在尚未驗收時就有丟失，或不能生產到規定數量，罰其曹長一盾。可見官府手工業必須按朝廷計畫進行生產，不得擅自改變，也不得完不成任務。為確保其計畫完成和產品品質，朝廷每年都要對這些單位進行考核評比。《秦律雜抄》規定：「縣工新獻，殿，貲嗇夫一甲，具嗇夫、丞、吏、曹長各一盾。城旦為工殿者，笞人百。」就是說如產品被評為下等，官吏受罰，工人笞刑。有意思的是，地方官吏也要一起被罰，同時「殿而不負費，勿貲」。就是說產品雖被評為下等，但成本核算並不虧損的，則不加責罰。說明朝廷還注意到手工作坊的經濟效益問題。

最後還有產品勒名制度，《工律》規定：「公甲兵各以其官名刻久之，其不可刻久者，以丹若髹書之。」《效律》規定：「公器不久刻者，官嗇夫貲一盾。」這樣產品若以後發現問題，便可據此問罪於當事人。

從《效律》等律文的內容看，秦凡主管經濟的部門都有專門從事經濟核算的事宜，稱為「計」。同時，這些部門每年都要向上級或朝廷報告其經濟收支情況，稱做「上計」。「上計」的內容不僅有錢、糧收支的項目，還包括戶籍、土地、賦稅、勞役等各方面的版籍情況。它不但使中央政權能及時把握全國經濟乃至各部門經濟的狀況，以便下達適宜的規劃；也能據此考核各級官吏的政績，使其更有效地執行國有經濟的規劃。正因為其國有制經濟體系的龐大，所以秦國對上計制度的要求也相當周密與嚴格。

秦國的國有制經濟占據著主導地位，其中國家土地所有制的農業生產占據著絕對支配的地位，官營工商業經濟也有著極其重要的位置，國家對於經濟運作有著周密規劃和一系列細緻的管理制度。而當時並不存在什麼新興地主階級，雖然在官營工商業中使用著大量的奴隸和刑徒，但秦國畢竟是一個以農業經濟為主的大國，在農業生產中主體勞動者是國家授田的農民。這樣，商鞅變法後秦國的社會性質，與傳統的定論就有著極大的距離。

我們認為，如果將「封建」這個概念，僅限於農民受田租剝削的生產關係而言，那麼，當時的秦國應是一個較為成熟的國家封建制社會。法家在經濟方面的主張其實是「一種超階級的國家主義經濟觀」，而秦國在它的指導下，走進了這樣一種社會制度之中，就沒有什麼可奇怪的了。

一個英國人眼中的秦朝後宮的淫亂真相

喬納森．克萊門特斯

說起嬴政的身世，很多人就會想起呂不韋。關於這個人的故事，自古民間眾說紛紜；且看一個英國人眼中的呂不韋和秦朝後宮。

呂不韋和趙姬的關係

除了跟鄰國的關係之外，秦國宮闈中同樣存在問題。呂不韋跟趙姬開始共同攝政之際，他們二人是否還私下裡見面是不清楚的。考慮到異人曾經將趙姬甩在邯鄲獨自逃離，好幾年沒跟她團圓，呂不韋和身為王后的趙姬之間的關係，比僅僅一起協助攝政的關係要來得深厚是完全可能的。

呂不韋，這個熱衷於往上爬、獲得權力和地位的人，希望遠離他原先的商人身分。他更熱衷於他現在的角色——攝政相國；然而趙姬還有別的欲望。我們必須對後來那些含沙射影的說法持懷疑態度，因為他們是在深深憎惡秦的漢代建立後被記載的。即使如此，還是有很多線索可以表明趙姬是不知滿足的。

他們有了新的權力和新的責任，他們也從中產生了新的密謀和新的欲望。然而，一個作為母后和一個作為相國，在這個欲望上花太多時間不可能不引起猜疑。

趙姬絕不是中國歷史上第一個，也不是最後一個去贏得政治地位的女人，不過她遭到了關於合法性的指控。嬴政的曾祖母宣夫人是那些粗鄙流言的主體，她曾經獨自設下反對西戎的計謀，她去引誘他們的頭領，還給頭領生了兩個孩子，然後讓軍隊反叛他，這終於讓他本人喪命，他的領土則被吞併。在後來，同樣的建議曾提到漢高祖的皇后呂後跟前。還有，唐朝的皇后武則天也曾經面對這種提議，假如這麼做的話，這令人難以置信的醜聞就會纏繞著武則天。

孔子自己在《春秋》中記載了幾則臣下被國君的寵妾陷害的逸事，後來的史家或許也會被這些例子所引導——這種犧牲女子利益的做法簡直是政治犯罪！不過，趙姬的故事卻跟上面那些女子有所不同，因為趙姬似乎並不想把自己捲到政治生活中去。

趙姬和利用「性」來鬥爭的紅粉戰士宣太后，乃至後來顛覆唐朝的皇后武則天都不同，她身敗名裂的原因在史料記載中要簡單得多，那就是她在三十來歲時便孀居，而後的怨婦生活讓她日益憔悴，於是，她簡單直接、毫無顧忌地在宮廷政治生活的核心和掌握著整個世界的巔峰之上，做起呂不韋的情婦來。史料記載並沒有提到她個人的感情——我們是透過與之有關係的人，那個最引人注目的呂不韋的列傳知道她被異人突然拋棄的，呂不韋之所以憤怒地向他的被保護者——異人割捨他心愛的情人，可能是一直留意著他更垂涎的政治目標。

我們所知的這些，為這事件的始終提供了可辨別的證據。透過這些資料我們可以說，在嬴政統治的早期，當年幼的秦王還處在劣勢之際，呂不韋正在醞釀一個繼續占有趙姬，並讓她遠離宮闈中的年幼秦王的陰謀。後來的故事家和小說家們虛構了許多跌宕起伏的細節，說趙姬是那麼需要呂不韋，她黏戀他，以致於呂不韋害怕他們的關係被發現；還有的說趙姬逼迫呂不韋，假如她的性要求得不到滿足，她就將把一些秘密公之於眾等等。無論如何，《史記》關於此事最終結果的記載是赤裸裸的：呂不韋害怕災禍牽連到自己，就私下裡找了一個「長著碩大陽具的男人」嫪毒為門客。

趙姬與「宦官」廝混

這位長著上天良好「賦賜」的嫪毒很快在呂不韋府上受到任用，在那裡，他被要求證實他那貨真價實、獨一無二、絕非懦夫的本事，在《史記》這段最離奇的記載中，嫪毒在一次聚會中將一個木製車輪懸掛在他那勃起的陽具上，這樣的消息很快回饋到趙姬那裡，她被問及是不是需要見見這個男人。

呂不韋想了個更好的辦法把嫪毒送進內宮，他說他安排了一個人指控嫪毒犯了足以被施以宮刑的罪，被施宮刑之後的嫪毒就能順理成章地長期待在趙姬的內宮。雖然趙姬指出將嫪毒施以宮刑會使嫪毒喪失讓他進宮從事服務的能力，但這早就在呂不韋考慮的計畫之中。他安排了對嫪毒的指控和處罰，並讓趙姬賄賂施宮刑的人，當嫪毒行刑的時候，施刑者僅僅做了個樣子，一點也沒有傷及嫪毒。與此同時，施刑者抓緊時間拔掉嫪毒的鬍子和眉毛，因為除掉體毛是一個宦官最重要的外貌特徵。至少，《史記》是這麼記載此事過程的。

《史記》的記載導致以後一些考證者不僅想考證此事的真實性，還想考證這段記載是否是《史記》原來就有的內容。其實《史記》的作者司馬遷本人就是一名宦官，他在晚年曾受宮刑，他當然會注意到青春期之後才受宮刑的宦官，在受刑後還會長出臉部的鬚髮，因此，拔掉嫪毒的鬍子其實是毫無意義的。《史記》中記載的這一醜態足以使這部分故事完全浮出水面，那就是並不是司馬遷記載錯了（嫪毐拔掉鬍子和體毛），很可能事實上嫪毐事件是後來深惡秦朝的人戴著有色眼鏡，進而篡改的。

假裝將嫪毐施了宮刑的陰謀完全成功了。新「宦官」嫪毐被送到趙姬那裡服役。他讓趙姬找到了合適的生理滿足，離開了呂不韋。因為趙姬仍然是個年輕健康的女子，她不久就懷孕也不奇怪。這一情況使她必須找藉口遠遠離開宮廷中那些窺視的眼睛。於是，她在被人知曉前，就宣布說一個預言家告訴她要找個風水更好的地方，所以她跟嫪毐從咸陽搬到了深深山谷中的秦舊都雍城之中。

趙姬在上游逗留的時間比她先前宣稱的還要長。她起初宣稱要到舊都去消夏避暑，但幾乎是半永久性地待在那裡，跟新找的「宦官」嫪毐一起，還有數百僕人，過著一種家居生活。

過了一陣子，趙姬開始企圖用早年跟呂不韋有染的方式繼續篡權。或許是她認為自己遠離宮廷，各種指控夠不著她，她允許嫪毐按宦官慣例做事。《史記》沒有提示是否嫪毐的鬍子長了回來，也沒說換上宦官袍服的嫪毐是否特別喜歡漂亮衣服，但最明顯的跡象是西元前二三九年，嫪毐被封為長信侯。這樣的提升就宦官那不完整的體格而言是絕不可能的——宦官向來就被禁止封貴族爵位，他們的身體殘缺正是被允許進入宮廷的原因。看樣子嫪毐的頭腦遠在他的宦官身分之上，而且正有人要利用它。

嬴政剛成年時的宮廷政治鬥爭

還有其他的緊張關係。在都城咸陽，嬴政已經二十歲了，按傳統，這是舉行表示他成人的冠禮最合適的時間——給他加上成人戴的冠，可能再娶上一個從其他國家公主中挑選的正式妻子，很顯然，這同樣也是他親政的時刻。

有人在阻止嬴政舉行冠禮。《史記》中沒有正式提及這一點。不過我們可以從一些事件中看出那些人都使用了些什麼做藉口。在蒙驁——這位秦國最出色的將軍死後不久，一顆彗星在西元前二三九年五六月之間出現於西方，這是一個具有重要意義的凶兆。據現代天文學家計算，這是一次關於哈雷彗星的真實記錄，但對秦廷的占星家們而言，這預示著有大災難要來臨。不久之後，嬴政的祖母夏姬又在尚算年輕之際去世了，相對地，年輕的秦王必須用一段時間例行公事地守孝，這也延遲了他舉行冠禮的時間。

西元前二三九年，嬴政的弟弟成王子遭遇了離奇的死亡。當時這位可能只有十幾歲的年輕王子被派領兵征伐趙國，《史記》簡單地說他出兵趙國時「謀反」了，其實謀反的真相並不清楚。在法律嚴格的秦國，一個人瀆職被看做是對其主人的侮辱，所以，他可能僅僅是錯失了勝利的機會。不過，雖然蒙驁去世了，朝中還有其他經驗豐富的將軍能夠領兵深入敵國，尤其是對付趙國這個敏感的國家，因為它是秦王和趙姬的故鄉。

如果真的有任何證據能證實呂不韋是秦王真正的父親，那麼，成王子之死就是呂不韋他們在自己的反對者們結成集團並發動政變之前清除障礙的一個舉動。更可能的是，假若這些人準備發動政變，這可能是由成王子自己醞釀的，他「謀反」的目的很明顯，他的跟隨者們在失敗後也都被斬首。

關於此事的史料記載是簡短的，簡短得令人無奈。當西元前二三八年，秦軍持續不斷地向遠處用兵之際，另外一顆奇怪的彗星光臨秦國，它的彗尾橫亙了整個夜空，根據這個徵兆，秦王舉行冠禮的時間終於宣布了。而經過冠禮，他就是一個真正被認可的成年人，此時，他二十二歲。

在舉行冠禮之前，他到了一個地方，這個地方的地名在《史記》的記載中只有一個音節。當我們知道這是他最顯赫的祖先之一秦武公的墳墓時，它的重要意義就隨之明晰了。嬴政跟秦武公都是嬴秦的子孫，他們的先人曾長期跟西戎作戰。秦武公時期，朝中重臣以幼主的名義執政而手握大權，但秦武公後來終於處決了執掌大權的重臣，從篡位者手中收回權力，這也是秦國歷史上艱難的一頁。現在這大臣專權的一幕又重演了。

就秦國慣例而言，是秦武公或他那些復仇心重的繼承者們開創了以活人殉葬的慣例，因為秦武公曾以六十六名支持者殉葬。秦武公是一個從篡權者手中通過冷酷謀劃和無情鬥爭奪回權力的榜樣，看樣子，嬴政——這位當今的秦王，也下定決心要跟他的先人一樣。

秦王嬴政的對手們都離他很近，尤其是逐漸年邁的華陽夫人，從秦王還非常年幼時，呂不韋和趙姬就因她久久地享受著尊榮和權力。圍繞著成王子之死的離奇事件顯示了在秦宮廷內部早有一派力量想找一個更馴順的繼嗣者，正如秦國歷史上曾經發生過的那樣。

在攝政大臣中，假如有人想殺掉嬴政，讓一個新的娃娃國君取代他來保持「協調」也是可能。這樣，攝政大臣們自己就會內訌，秦國自己就會分成兩派，兩派都宣稱遵從嬴政，但兩派都為他們自己謀利益。《戰國策》中描述了這樣一則故事：在秦國的每個角落，從掌握國家權柄的人到手握推車車柄的人，問題都是同一個，「你是太后和嫪毒的人嗎？你是呂不韋的人嗎？」無論你走向村落的崗哨，還是走在咸陽宮廷的走廊，問題都是同一個。

最終，這些事端終於匯總了。法律的嚴酷暴露出來，攝政者們的命運（攝政者們被嚴酷的秦法處死）是我們唯一能知曉的，可以據此判斷誰應真正受責備，即便如此，我們還是覺得歷史並不公正地將他們全部加以譴責了。此時秦王已經舉行了冠禮，而冠禮標誌著他可以完全自主地掌握國家政權。冠禮後不久，他的統治終於經歷了第一次顯而易見的挑戰。

趙姬事發，嫪毒遭車裂

在富麗堂皇的雍城宮殿裡，嫪毒和趙姬的曖昧關係最終被發現了，至少人們是知道了，因為如果絲毫不受猜疑才是不可置信的。有一則故事說：嫪毒在一次聚會上發脾氣，酒醉後吹噓自己在擔任秦王父親的角色（無非是吹他和秦王的母親私通）。更為通常的版本說是，在嫪毒的不臣之心越來越明顯地暴露之際，他才被發現跟趙姬私通。

嫪毒吹著最大的牛皮，還夢想讓這牛皮成為現實。他有時甚至違背宮廷禁令，帶著他情人的印璽回去。而王宮衛士們，那些精銳騎士和咸陽的守衛者，只不過是一小撮被召喚來襲擊嬴政住處的人而已，其他人員也不過從兩個西戎部落招募來的，無論他招募了些什麼人，嫪毒和他的宮室隨從們決定組建真正的私人黨羽來發動叛亂。

於是，戰爭在咸陽城內展開，由嫪毒的死黨來對付秦王從忠實支持者中，隨意拼湊的人員。因為宮廷守衛們明顯是嫪毒的人，秦王能安排的僅有他年輕臣僚們的一支軍隊，即武裝了的宦官和一批由兩個西戎部落組成的個人衛隊。似乎雙方都有好幾千人參戰，但許多人都被錯誤的號令愚弄了，他們所做的僅僅是與各自被打散的部隊不斷揮舞手臂而取得聯繫，或者是準確無誤地站到秦王那邊去，讓他重新編排。真正的叛軍醒悟到這陰謀原來是「謀殺秦王」，除了數百人之外，大部分人在街上的混戰中被殺。當硝煙散去，嫪毒已經逃走，憤怒的秦王則懸賞百萬要活捉他，假如捉住了死的就懸賞五十萬。

後來有二十人被以謀反罪處決，包括宮廷衛兵的領頭、宮廷僕役長和一位主要的射手。儘管數千人受到了處罰，但看來即使在殘酷的秦國，不知情的參加者也被認為是無辜的——因為在秦國，抗拒印有玉璽的旨意而不參戰同樣要被處死。相對地，一些當初膽敢拒絕的人被免除了死刑，他們被處以三年的苦力（鬼薪），為宮廷祭祀和太官（宮廷供給衣食的部門）採集生火用的木柴。嫪毒將近四千名僕人中，有些被殺了，還有些對趙姬忠心耿耿，他們繼續毫無怨言地侍候趙姬。儘管他們的沉默以對秦王的忠誠為代價，表現了對另一個主人的忠誠，或許他們是存心的，或許不是。他們逐漸結成一個差點讓主人喪命的團隊，他們被塞進船裡，到南方四川的卑濕之地去補充邊防。

嫪毒也不走運。當秦王下令捉拿他和他的同夥之際，他和他叛亂的殘餘勢力被包圍，而後被消滅。嫪毒本人則被用四匹馬車裂。根據近百年前商鞅變法確立的嚴酷法律，嫪毒之罪同樣讓他的家族蒙受恥辱，無論他們是否知道嫪毒的陰謀。相應地，所有嫪毒的親戚都被處決，包括他的堂兄弟、同族、他的父母（假如他們活著）。

在處決命令中，還包括他跟趙姬生的兩個孩子，假如他們的陰謀得逞，這兩個孩子將謠傳要做攝政下的又一任娃娃國君。當秦王嬴政發現這兩個孩子還活著時，他隨即下令處死他這兩個同母弟弟。對趙姬怎麼處理？秦王下了一道極其嚴酷的命令，禁止任何人談論趙姬捲入這件事。任何人膽敢私下議論太后與此事的關係將被即刻處決，他們的肉將從骨上剔除……他們的四肢將繞於城門，像井欄圍繞井那樣。

有些秦王的大臣不欣賞這嚴酷的法令，他們不明智地說明嬴政的母親是如何值得信賴。秦王在大臣們都知曉之前就殺了他們中的二十七人，不過此刻趙姬不受限制了，就如秦王寧可相信她沒有參與嫪毒的政變和用不受歡迎的私生子替代秦王，以及她從沒有計劃去殺死自己生的頭一個兒子那樣。

有人在醞釀著計畫，儘管是誰並不清楚。在這些可能的人中，呂不韋可能希望用一些手段讓趙姬不要干政，但這樣的計畫會招致顯而易見的懷疑，即他懷疑她，準備除掉她；而嫪毒，或許有趙姬的幫助，或許沒有，可能準備把大權奪到自己和他跟趙姬生的孩子手中。但同樣，干政者有可能不是呂不韋和嫪毒中的任何一個人，而是這年少的秦王自己，他企圖獨掌政權，把淩駕於他之上的人除掉。假如這是事實的話，那麼，嫪毒事件就不是他整個圖謀的頂峰，這只是他計畫奪權、推倒呂不韋的第一步。

嫪毒之亂的反響大約持續了好幾年。這件事讓秦成為其他國家的笑柄，並延遲了秦國對其他國家的軍事行動大約一年。趙姬被軟禁於深宮，為了面子，最終她再次住在咸陽附近。她是否直接參與了嫪毒事變還是不清楚，或許模模糊糊有點吧，因為從反證看，她如果真的直接參與了，她自己的兒子嬴政就要判她同謀弒君的罪。

曹操到底「玩弄」了多少個美女？

天行健

曹操作為三國時的政治家、軍事家和詩人，戎馬一生，統一了北方，因而有人認為他是一代梟雄，為社稷之棟樑，治世之能臣；也有人說曹操挾天子以令諸侯，天下之大不忠者，是罪臣亂子；還有人認為曹操是個色魔，玩弄了太多女人。

在曹操的私生活中，玩弄女人應當是其中的重要內容。曹操有多少女人，已經無法統計，因為遺留至今的資料很不全面。

從《三國志．后妃傳》的記載中，我們知道曹操最早有丁夫人、劉夫人、卞夫人（後來拜為王后）。另從《武文世王公傳》中，知道還有環夫人、杜夫人、秦夫人、尹夫人、王昭儀、孫姬、李姬、周姬、劉姬、宋姬、趙姬。這些人所以能載入史冊，是因為她們（丁夫人除外）一共給曹操生了二十五個兒子，沒生兒子的女人，當然還有。曹操在《遺令》中說：「吾婕妤伎人，皆著銅爵（雀）台。於台堂上施八尺床、穗帳，朝晡上脯之屬，月朝十五，輒向帳作伎。」

婕妤，帝王妃嬪的稱號。曹操為魏王，他的妻妾除王后之外，下有五等：夫人、昭儀、婕妤、容華、美人。這裡把婕妤與伎人並稱，表示婕妤以下，地位卑賤，與藝伎差不多少，而藝伎除歌舞之外，也是曹操的泄慾工具。上述王昭儀以下的孫姬、李姬等共六個姬，都是婕妤以下的小妾。銅爵台，即銅雀台，爵、雀二字在古代通用。朝晡，指古代的兩頓飯。古人採取兩餐制，第一頓飯稱朝食，在辰時吃（上午七點至九點）；第二頓飯稱晡食，在申時吃（下午三點至五點）。

這段話的意思是：我死之後，我的婕妤與藝伎都住在銅雀台，在銅雀台的大廳上放一張八尺的床，掛上帶穗的帳子，朝食和晡食都要供奉乾肉、乾果、乾飯之類，初一十五，要朝著帳子歌舞。

所以陸機在《吊魏武帝文》中說：「留曲念於閨房」，「惜內顧之纏綿」。意思是對女人的這些遺言，流露的是曹操對生活的眷戀和對她們的感情。但仔細想想：那些失去了男人的女人們，可能有幾十人，也可能上百，孤孤單單地住在銅雀台上，每日兩餐都要向那張空床上供，初一十五還得對著那張空床歌舞。生活有困難，可以編點絲帶草鞋之類的東西去賣（這是防止政治上有變故，正常情況下不會這樣）。活著，你們要陪我；死了，你們也得守著那張冰冷的空床。這表現的是眷戀還是自私？是纏綿還是沒有人性？

但曹操生前有這麼多女人，還要不斷地採擇野花供其玩樂。易中天說曹操「生活上是比較隨便的。他吃不講究，穿不講究，長期在外行軍打仗，對女人大約也只能將就，不能講究」。其實不然，在戰場上他也不將就，吃的也是白菜心。

對女人也不將就。例如：呂布部下秦宜祿之妻生得非常漂亮，被關羽暗戀著。曹操和劉備圍呂布於下邳時，關羽曾幾次對曹操說：希望城破之後，能把這個女人賜給自己。曹操爽快地答應了，正如易中天所說，曹操是「豁達開朗，大氣磅礴」的。但城破之後，曹操發現「這個女人不尋常」，竟把她納為己有了。美髯公的心情如何？天知道！

還有，在宛城（今河南南陽市），曹操發現張繡的嬸娘（張濟的遺孀）長得漂亮，便納入帳中，逼使張繡降而複叛。好色之徒曹操被打敗，自己中了箭，長子曹昂、侄兒曹安民、愛將典韋都戰死了。何苦來的！你對得起誰！

我們不能用現代觀念去苛責古人，但也不能用現代觀念去美化古人。古人對男女關係，對愛情的理解不可能和現代人一樣，尤其是古代帝王的思想感情更不能和平民相比。

白居易的《長恨歌》和洪昇的《長生殿》對唐玄宗和楊貴妃的愛情的詮釋，失之於把帝王平民化；而易中天對曹操及其眾多女人的感情的詮釋，則既把帝王平民化，又把古人現代化了。

女人在曹操心目中的地位和價值如何？下面引證兩個小故事來說明。

據《三國志．武帝紀》裴注引《曹瞞傳》：有一愛姬陪曹操午睡，曹操枕著愛姬，對她說：「過一小會兒叫醒我。」她見曹操睡得很熟，便沒有叫醒他。等到曹操醒來，發現自己睡過了頭，便怪罪愛姬，把她活活打死了。

另據《世說新語．假譎類》，曹操常說：「我睡覺的時候，你們不能隨便接近，有人接近我，我便要砍人，我自己也沒有知覺，左右之人必須小心謹慎。」有一次，他在假寐，有一愛姬給他蓋被子，他馬上便把這愛姬殺了。

以上所說，未必完全屬實，但卻是可能發生的事，絕不屬於情理之外。帝王總是要防備有人害他，而且這種人根本就不尊重婦女的人格甚至生命。

唐朝「樓市」也曾崩盤，朝廷沒有救市

李開周

樓市一直是大家關心的熱點，因為它既重要，又經常變化。在古代，雖然土地制度和市場狀況與現在不可同日而語，但其中的變化也是風雲莫測——按我們現在的收入算，唐朝的房子就曾經從幾百、上千元一平米跌到過幾十元。

敦煌房價在「千元」以上

唐宣宗大中十年（856年），敦煌居民沈都和因為急等錢用，賣掉了自家的房子。按照慣例，他跟買方簽了一份房屋轉讓合同，合同上寫道：

> 慈惠鄉百姓沈都和，斷作舍物，每尺兩碩五升，准地皮尺數。算著舍檟物二十九碩五斗陸升九合五圭乾濕穀米。其舍及地當日交相分付訖。（《敦煌資料》第一輯第298頁）

什麼意思呢？就是說沈都和這套房子按面積計價，每尺價值小麥兩碩五升。另外房子裡所有傢俱陳設也隨房子一塊兒出讓，價值小麥二十九碩五斗六升有餘。

合同上寫的「一尺」是指一平方尺，唐朝一尺有〇．三米，一平方尺就是〇．〇九平方米。「碩」是容量單位，跟「石」通用。唐朝一石有五十九．四公升，一斗是$\frac{1}{10}$石，一升是$\frac{1}{100}$石。按每公升小麥重一．五斤計算，唐朝一石小麥重九十斤，一斗小麥重九斤，一升小麥重〇．九斤。所以「兩碩五升」小麥重約一百八十斤，按今天麥價八毛一斤去買，至少需要一百四十元。

前面說過，「一尺」是〇．〇九平方米，「每尺兩碩五升」，說明每〇．〇九平方米能賣一百四十元，也就是每平方米能賣一千五百五十五元。放在一千多年以前的敦煌，這房價是很高的。

平民「月薪」不足三百元

不過歷史不喜歡孤證，單憑這一宗交易，並不能說明敦煌的房價普遍高企，再看下一個例子。

唐僖宗乾符二年（875年），同樣住在慈惠鄉的另一位敦煌居民陳都知賣掉了自家的宅基，換來小麥「八百五碩五斗」，即八百零五．五石（張傳悉《中國歷代契約會編考釋》）。按每石價值一百四十元計算，陳都知家的宅基賣了人民幣十一萬兩千七百七十元。那塊宅基有多大呢？東西寬三丈九尺，南北長五丈七尺。唐朝三丈九尺折合今天十一．八米，五丈七尺折合今天十七．二米，假定陳家宅基的形狀比較規則，那麼其面積就有兩百零三平方米。拿宅基總價除以宅基面積，可以得出這塊宅基的單價：每平方米五百五十六元。考古報告顯示，唐代敦煌民宅全是單層，容積率很低，所以當地價高達五六百元一平米的時候，房價在千元以上是完全合乎邏輯的。

我手頭還有一批唐代敦煌的雇傭文書，那些文書上顯示，在西元九世紀後期，不管是幫人牧馬放羊，還是給人運送貨物，甚至包括替人當兵在內，敦煌平民每月的收入一般都不會超過兩石小麥。換言之，那時「工薪階層」的月薪大多在三百元以下。像這樣的收入水準，就是一年不吃不喝，也只能掙夠兩三個平米，倘若想買一套像模像樣的房子，恐怕得忙活幾十年。

我不知道千年以前的敦煌是否也有大量需要買房居住的朋友，如果有的話，我猜他們肯定會鬱悶，會彷徨，會對房價畸高的房地產市場發洩出洶湧澎湃的怨恨和失望，就像我們今天的某些購房者曾經做過的那樣。

「樓市」突然崩盤

值得慶倖的是，這樣的狀態並沒維持多久，敦煌房價在每平米一千五百五十五元這個制高點上盤旋了一會兒，很快就急轉直下，像一架失事飛機那樣栽著跟斗俯衝下去。套一句比較現代的說法，敦煌「樓市」崩盤了。

唐昭宗乾寧四年（897年），敦煌居民張義全賣房，「東西一丈三尺五寸，南北二丈二尺五寸」，只賣了小麥「五十碩」（《敦煌寶藏》第三十二冊第980頁）。一計算得知其建築面積二十八平米，售價七千元，每平米才賣二百五十元。唐昭宗天複二年（902年），敦煌居民曹大行跟人換房，「東西三丈五尺，南北一丈二尺」的房子，僅估價「斛斗九石」（《敦煌寶藏》第三十二冊第99頁）。換言之，三十八平米的房子，只能賣一千兩百六十元，已經降到了三十三元一平米。

關於敦煌房價，目前能找到的文獻非常之少，暫時還弄不清剛開始房價為什麼高企，後來又為什麼暴跌。另外鑑於中原和江南地區出土的唐代經濟文獻更加稀少，所以也不敢確定在敦煌之外的其他區域是不是同時出現了房價暴跌的現象。

朝廷沒有「救市」

不過可以確定一點：在敦煌房價暴跌之後，大唐朝廷和敦煌政府都沒有出手救市。因為查《新唐書》、《舊唐書》，查記載唐朝史事更為翔實的類書《冊府元龜》，唐代官修的會典《唐六典》及中科院歷史所輯錄、中華書局出版的敦煌石室藏書釋文彙編《敦煌資料》，從中既沒有發現唐朝中央政府曾經降低房貸利率和首付的記錄，也沒有找到敦煌地方政府曾經為購房者提供補貼的跡象。當然，唐朝沒有銀行，也沒有房貸，那時候的中央政府壓根兒不可能通過降低利率和首付來救市。

唐朝政府之所以不救市，倒未必是因為它更能替廣大購房者著想，才容許房價不斷下滑，而極有可能是因為以下幾個原因：

第一，當時沒有專門的開發商，所謂房地產交易只是在業主之間進行的二手房買賣，而業主們作為一盤散沙，是沒有能力遊說政府做出救市決策的。

第二，當時房地產行業在整個國民經濟領域所占的比重非常小，無論這個行業是否興旺，都不會導致GDP下滑。

第三，當時的財政收入主要來自田賦和人頭稅，政府從來沒有想過賣地生財，房價暴漲也好，暴跌也罷，只能影響地價，而影響不到政府的利益。

千年名畫竟然是「特務」的情報

晶妍

在北京故宮博物院館藏珍品中，名畫《韓熙載夜宴圖》以它用筆細潤圓勁，色彩濃麗，人物形象清俊、娟秀，栩栩如生而名聞中外。是今存五代時期人物畫中最傑出的代表作。

《韓熙載夜宴圖》全長三米，共分五段，每一段畫面以屏風相隔。第一段描繪韓熙載在宴會進行中與賓客們聽歌女彈琵琶的情景，生動地表現了韓熙載和他的賓客們全神貫注側耳傾聽的神態。第二段描繪韓熙載親自為舞女擊鼓，所有的賓客都以讚賞的神色注視著韓熙載擊鼓的動作，似乎都陶醉在美妙的鼓聲中。第三段描繪宴會進行中間的休息場面。韓熙載坐在床邊，一面洗手，一面和幾個女子談話。第四段是描繪韓熙載坐聽管樂的場面。韓熙載盤膝坐在椅子上，好像在跟一個女子說話，另有五個女子做吹奏的準備，她們雖然坐在一排，但各有各的動作，毫不呆板。第五段是描繪韓熙載的眾賓客與歌女們談話的情景。

此畫中的主人翁韓熙載（902年至970年），五代時濰州北海人（今山東濰坊），字叔言，後唐同光年舉進士，文章書畫，名震一時。因父親光嗣因事坐誅，熙載逃奔江南，投順南唐，歷事李昪、李璟（中主）、李煜（後主）三主，官至中書侍郎、光政殿學士。韓熙載定居南京後的寓所，也即此畫的發生地在今南京中華門一帶。《同治上江志》載：「戚家山，在江寧城南聚寶門外，南唐韓熙載居此。」

韓熙為人放蕩不羈，養有姬妾四十餘人。朝廷給他的俸祿，全被姬妾分去，他就穿上破衣，背起竹筐，扮成乞丐，走到各姬妾住的地方去乞食，以為笑樂。

韓熙載投順南唐後，初深受南唐中主李璟的寵信。後主李煜繼位後，因對北方籍官員的猜忌，屢藉故毒殺不少北方籍大臣。在後周對南唐日益緊逼的形勢下，李煜卻愈加剛愎自用，整個南唐統治集團內鬥激化，朝不保夕。在此不利的環境中，官居高職的韓熙載採取了疏狂自放、裝癲賣傻的態度，以求自保。但李煜仍對他不放心，派畫院的「待詔」顧閎中和周文矩到他家裡去，暗地窺探韓熙載的活動，命令他們把所看到的一切如實地畫下來交給他看。

顧閎中和周文矩到了韓熙載家以後，正碰上韓熙載在家夜宴，大智若愚的韓熙載當然明白他們的來意。整個夜宴中，韓熙載將那種不問時事、沉湎歌舞、醉樂其中的形態來了個酣暢淋漓的表演……

顧閎中憑藉著他那敏捷的洞察力和驚人的記憶力，把韓熙載家中整個夜宴過程默記在心，回去後即刻揮筆作畫，李煜看了此畫後，暫時放過了韓熙載等人。一幅傳世精品卻因此而流傳下來。

顧閎中後來畫成一個長手卷，共有五段。本圖是最後一段。這是酒酣舞罷，笙歌停後，大家帶看醉意，拖看家伎笑謔。獨自站立舉手示意的那位，就是宴會的主人韓熙載。顧閎中這卷畫不但務求形似，以便後主一見就知圖中所繪何人，而且把當時眾人玩樂時的神情和各人的性格統統表現得十分逼真。

以畫人物來論，這幅畫達到了極高度藝術水準。所以千年以來，凡有此畫著錄的各書，都對它有極高度的評價。畫很舊，無款印也無清宮鑑藏璽。此卷現藏北京故宮博物院。

席捲歐亞大陸的狂飆——蒙古西征

張秀平、毛元佑、黃樸民

蒙古西征之戰是西元十三世紀上半期蒙古帝國征服中亞和東歐的戰爭。蒙古族是中國北方的一個古老民族，長期過著原始的游牧生活，到十二世紀時，在長城以北、貝加爾湖以南，東到大興安嶺、西至阿爾泰山的廣大地區，形成了許多蒙古部落。

隨著蒙古社會生產力的發展，原始公社制度逐漸解體，私有制產生，十二世紀末和十三世紀初，蒙古各部落面臨著迫切的統一問題。孛兒只斤部落的首領鐵木真在統一蒙古過程中發揮了重要作用，先後打敗了塔塔兒、克烈、乃蠻、蔑兒乞諸部，統一了蒙古各部。西元一二〇六年，蒙古各部落首領在斡難河（今鄂嫩河）畔召開大會，推舉鐵木真為大汗，尊稱成吉思汗，建立了蒙古國家。蒙古國建立後，以成吉思汗為首的蒙古貴族不斷發動掠奪戰爭，用兵的主要方向是南下與西征，南下攻擊的主要目標是南宋和金朝，西征則是征服中亞東歐各國。蒙古西征共有三次，第一次是一二一七年至一二二三年成吉思汗西征；第二次是一二三五年至一二四一年拔都西征；第三次是一二五三年至一二五八年旭烈兀西征。

成吉思汗西征

西元一二一七年，成吉思汗把南下滅金的任務交給木華黎，親自率兵直指西方。當時蒙古蔑兒乞部落首領脫脫的兒子火都和乃蠻部落太陽汗的兒子屈出律敗逃楚河流域，仍在西方活動。火都結集蔑兒乞殘部，圖謀東山再起。西元一二一七年秋，成吉思汗命令速不台率軍征伐火都，速不台翻越重山峻嶺，到達楚河，與蔑兒乞殘部作戰，殺死火都，消滅了蔑兒乞的殘餘勢力。

屈出律與花剌子模國王勾結，篡奪了西遼政權，推翻了契丹人統治，在新疆喀什噶爾、和田至錫爾河右岸地區建立了勢力範圍。西元一二一八年，成吉思汗派遣大將者別率兵兩萬攻打屈出律。當時屈出律正與阿力麻里的不札兒汗相攻，聽到蒙軍進攻，急忙向西逃跑，哲別擊潰西遼軍隊的阻擊，攻占了西遼都城八剌沙兗。屈出律逃往喀什噶爾，喀什噶爾地區的居民紛紛起來殺死監視他們的西遼士兵，屈出律繼續西逃，被蒙古軍隊追及。哲別把屈出律梟首示眾，喀什噶爾、沙車、和田等城相繼降蒙，西遼滅亡。

西元一二一九年，成吉思汗親自率領其子朮赤、察合台、窩闊台、拖雷和大將速不台、哲別，會集畏兀兒、哈剌魯、阿力麻里等部兵馬，以花剌子模殺害蒙古商隊為由，攻打花剌子模。蒙古軍隊在額爾齊思河流域分進合擊，察合台與窩闊台率兵圍攻花剌子模商城訛答剌城，朮赤進攻氈的城，成吉思汗和拖雷統帥大軍直逼其都城布哈拉。西元一二二〇年春，蒙古軍隊攻占布哈拉，又攻陷了花剌子模新都撒馬爾罕，訛答剌與氈的城也相繼被攻陷。此後，成吉思汗命朮赤、察合台與窩闊台共同圍攻烏爾根奇，命大將者別和速不台越過阿姆河追擊西逃的花剌子模國王摩訶末，打敗俄羅斯和欽察突厥，繞道 海北岸回軍。

摩訶末後來在 海一個小島上病死，其子札闌丁在呼羅珊組織抵抗。西元一二二一年，成吉思汗渡過阿姆河，占領塔里寒城，派拖雷進攻呼羅珊，相繼攻陷你沙不兒、也里城，回師塔里寒城與成吉思汗會師。察合台與窩闊台攻陷烏爾根奇後，也到塔里寒城會師。成吉思汗親統諸路大軍追擊札闌丁，在印度河擊敗其餘眾，札闌丁隻身逃跑，花剌子模滅亡。蒙古軍隊越過高加索進入頓河流域，出兵歐洲。西元一二二三年在迦勒迦河決戰，大敗突厥與俄羅斯聯軍，俄羅斯諸王公幾乎全部被殺。此後蒙古軍隊班師而回。

長子西征

一二三四年蒙古滅金戰爭結束後，窩闊台汗成吉思汗在中原和中亞建立了穩固的統治。也兒的石河（今新疆額爾齊斯河）以西、烏拉爾河以東之地為蒙古的征服地區，是成吉思汗長子朮赤的領土。但是，烏拉爾河以西的欽察、斡羅斯等還未平定。一二三五年窩闊台召集忽里勒台，決定征討欽察、斡羅斯等未服諸國。居住在伏爾加河和烏拉爾河之間的欽察部首領忽魯速蠻懼怕蒙古軍，已先遣使納款，蒙古軍至，準備投降。唯居住在伏爾加河下游的欽察部首領八赤蠻堅決抗戰。斡羅斯和波蘭、匈牙利當時分為諸公國，各自為政，不聽大公號令，德、意、奧諸國捲入十字軍東征。歐洲形勢對蒙古西征有利。

西元一二三五年，由於進攻欽察的軍隊受阻，窩闊台決定派強大西征軍增援，朮赤之子拔都、察合台之子拜答兒、窩闊台之子貴由、拖雷之子蒙哥以及諸王、那顏、公主附馬的長子參加這次遠征，故稱「長子西征」，由拔都總領諸軍。次年，諸軍會師西征，進攻位於伏爾加河中游的不里阿爾，大將速不台征服不里阿爾。西元一二三七年，蒙古諸軍進攻欽察，蒙哥斬殺其大將八赤蠻，海以北地區被蒙古軍隊占領。

拔都率軍大舉入侵俄羅斯，西元一二三七年底攻占梁贊、莫斯科等十四城，西元一二三八年二月攻陷弗拉基米爾，次年又攻陷基輔。西元一二四〇年，蒙古軍隊進攻孛烈兒（今波蘭）、馬札爾（今匈牙利）。西元一二四一年四月，蒙軍攻占克拉科夫、里格尼察等城，大掠摩拉維亞等地。拔都親統三路大軍大敗馬箚兒軍，其國王逃走，蒙古軍隊攻掠亞得里亞海東岸及南歐各地。這年年底，窩闊台死訊傳到軍中，拔都率軍從巴爾幹撤回伏爾加河流域。拔都率本部以撒萊為都城，在伏爾加河畔建立了欽察汗國。

旭烈兀西征

西元一二五三年，拖雷之子旭烈兀率軍第三次遠征，蒙古軍隊進軍西亞。十月，旭烈兀率兵侵入伊朗西部，進抵兩河流域，目標首先指向了木剌夷國（今伊朗境內）。旭烈兀率軍攜帶大批石弩和火器，途經阿力麻里、撒馬爾罕、到波斯碣石城，告諭西亞諸王協同消滅木剌夷。

西元一二五六年，旭烈兀統帥蒙古大軍渡過阿姆河，六月到達木剌夷境內。蒙古先鋒將領怯的不花攻占木剌夷多處堡寨，給予了對方沉重打擊。木剌夷首領魯克那丁在蒙古大軍壓境的形勢下，派遣他的弟弟沙歆沙向旭烈兀求和，旭烈兀要求魯克那丁親自來投降，但魯克那丁遲疑不決。十一月，旭烈兀命令蒙古軍隊發起猛攻，魯克那丁被迫投降。蒙古軍隊占領其都城阿剌模式堡（今裏海南）。一二五七年初，魯克那丁被蒙古軍隊殺死，他的族人也都被處死，木剌夷被完全平定。

西元一二五七年三月，駐守阿塞拜疆的拜住來到軍中，旭烈兀偕同拜住等繼續西征，直指黑衣大食首都巴格達。當時阿巴斯王朝哈里發謨思塔辛執政，既直接統治黑衣大食，又管轄整個伊斯蘭教世界，是兩河流域的強國。西元一二五七年冬，旭烈兀、拜住等率軍三路圍攻巴格達，第二年初，三軍合圍，向巴格達發動總攻，蒙古軍隊用炮石攻打巴格達城，城門被炮火擊毀。二月，謨思塔辛哈里發率眾投降，旭烈兀攻陷巴格達，蒙古軍隊在城中大掠七天，謨思塔辛被處死，阿巴斯王朝滅亡。旭烈兀率軍繼續西進，兵進敘利亞，直抵大馬士革，勢力深入到西南亞。由於蒙古軍隊被埃及軍隊打敗，旭烈兀才被迫停止了西進，留居帖必力思，建立了伊利汗國。

結束語

從西元一二一七年至一二五八年的近半個世紀中，蒙古帝國以蒙古大汗為中心，通過三次西征，先後征服了今鹹海以西裏海以北的欽察、花剌子模和東起阿爾泰山西至阿姆河的西遼、畏兀兒，建立察合台汗國；鄂畢河上游以西至巴爾喀什湖的乃蠻舊地，建立窩闊台汗國；伏爾加河流域的梁贊、弗拉基米爾、莫斯科、基輔等公國，建立欽察汗國；兩河流域的伊朗、阿富汗、敘利亞，建立伊利汗國；形成世界歷史上前所未有的大帝國。

殘忍到極點：揭密朱元璋陪葬妃子的死法

逸名

中國古代帝王陵墓制度裡，最殘忍的就是殉葬。考古專家們在山東益都蘇埠屯一個普通小王的墓裡，就發現了三十九具殉葬人骨架或者頭骨。後代的帝王們意識到了這個殉葬制度的不人道，於是用俑來代替……但一三九八年，歷史倒寫，朱元璋死後，那些還沒來得及生育的可憐妃嬪，就被告知要陪皇帝殉葬。六百多年後，究竟有多少妃子殉葬？又是誰終止了這種殘忍的制度？

殉葬妃嬪怎麼死的？有兩種爭議

洪武二十八年（1395年）朱元璋的次子秦王朱樉死後，朱元璋就命人以兩名王妃殉葬，以陪伴自己躺在地下的孤獨的兒子。洪武三十一年（1398年），朱元璋死後，他的孫子朱允炆繼位，朱允炆遵遺詔、依古制，凡沒有生育過的後宮嬪妃，皆令殉葬。但是當時場面混亂，加上負責此事的官員出於某種不可告人的目的，就是已經生育過的妃嬪，也有不少在陪葬之列；「這些殉葬的妃嬪叫朝天女。」

明孝陵的妃嬪、宮女是怎樣殉葬的？研究專家們也比較有爭議。

第一種說法：上吊死的

明史研究專家馬渭源就認為是上吊死的。「朱元璋死後，那些沒有生育的妃子，都得到了上面的命令，要上吊自殺。」殉葬那天，所有被列入殉葬名單的宮女和妃嬪都被集中到一個屋子。這個屋子裡安放了一把把太師椅，每個太師椅的上方都懸掛著七尺白綾。宮女妃嬪們在侍臣和太監的逼迫下，無奈地站到太師椅上，然後將自己的頭伸進了那早已繫好的套扣……當然，有的宮女會被這樣的場面嚇呆了，顫抖著坐在了地上，這個時候那些太監都開始發揮他們的作用，他們幾個人扶持著，強行把宮女扶上太師椅，然後把那個套扣套在了宮女的頭上，隨後搬走了椅子。

第二種說法：灌水銀

還有一種說法認為，宮女妃嬪的體內被注入了水銀。為了保證陪葬的宮女妃嬪容顏不變，有人想出了一個惡毒的方法，就是在她們的體內注入水銀。這個建議被那些執行命令的侍臣和太監採納，於是他們給那些陪葬的宮女妃嬪的茶杯中下了「安眠藥」，這些人很快就睡著了，等到她們一睡著，那些太監就開始往她們的體內注入水銀，這樣這些陪葬的人就一「睡」不起了。

這種灌水銀的死法，馬渭源認為，沒有必要。「不過，明代文人筆記裡面寫到，在明代確實有人是被灌水銀而死的。被灌水銀的人，先是被一種中藥熏得失去了知覺，然後，在頭部切開一塊，執行人手持銅勺，而不是像現在這樣用針管，往切開的部位裡面倒水銀。」馬渭源強調，古代文人寫這種刑法都是非常意會的，並沒有交代細節，但可以想像，這種死法是「慘不忍睹」的。

殉葬妃葬在哪？應該在植物園

朱元璋的妃子墓到底在哪裡？「經過考古勘探，朱元璋的陵墓就應該在明孝陵，但妃子墓範圍究竟有多大，現在還沒勘探出來。」賀云翱告訴記者，史料記載，明太祖朱元璋死後，當時殉葬的妃嬪有四十六人之多，宮女達十二人。由於明朝正史沒有記載，殉葬妃嬪宮女葬在何處，成為數百年來人們心中揮之不去的謎團。

「經過考古勘探，我們在明孝陵西邊，也就是現在的植物園內，發現了一組建築，是一些典型的明代構件，這些構件的風格和明孝陵的風格非常接近。而且上世紀五六十年代，考古專家們在植物園內發現了一座大型的古墓，這個古墓內出土了很多女性用的首飾，所以，我們認為，朱元璋那些殉葬的妃子，應該就埋在植物園裡面。」但妃子墓區究竟有多大？賀云翱笑了笑，因為不好做勘探，至今還是個謎。

「這種殘忍的殉葬制度，一直到明代第六位皇帝明英宗才終止。雖然明英宗生前沒什麼大傑作，但他死前，下了一道遺詔：不要妃嬪殉葬了。這給明英宗的一生畫上了美妙的句號。」

明孝陵地宮內也許有森森白骨

「不過，明英宗只是讓皇帝的『性服務人員』不用陪葬了，他以後的皇帝，還是有很多宮女甚至太監陪葬的。」馬渭源說，當年北京定陵發掘的時候，考古專家們都驚呆了，陵墓裡面累累白骨，各種姿勢的都有，現場的果盤、金銀珠寶被扔得一塌糊塗。「當時，皇帝入葬後，宮人（包括宮女和太監）就手端著果盤、珍珠、瑪瑙以及金銀寶貝往陵宮裡送，也許是意識到生命危險，宮人們拚命往外走，但這時候，陵寢已經開始封門了。不管宮人們怎麼掙扎，都被活活閉死在古墓內。」馬渭源說，定陵是萬曆皇帝的陵寢，這麼多的森森白骨，說明明英宗結束的只是不要妃嬪殉葬了，而那些無辜的「宮人」還是得可憐地殉葬，他感慨說，也許明孝陵的地宮裡面也有森森白骨，這些宮人也是被「封」死在裡面的。

明成祖為什麼要捕捉天下尼姑？

劉秉光

尼姑，是出家修行的女教徒，講求六根清淨、四大皆空，與朝廷素無瓜葛，但明朝的尼姑卻遭受了前所未有的侵擾和追捕。那麼，朱棣為什麼要捕捉天下尼姑呢？

永樂十八年（1420年），明成祖朱棣突然下令，將全國所有的尼姑以及女道士，統統逮捕送到京師逐一審問，驗明真實身分。這場史無前例的大索天下尼姑案，既打破了佛門千年來與世無爭的靜雅，也讓後人感到莫可名狀的疑惑。

求生存，女英雄點燃導火線

細究起來，事情的起因竟是一場發生在山東境內，由唐賽兒（女）領導的農民起義運動。據《明史》及清代有關野史雜鈔記載：唐賽兒於永樂十八年二月，在家鄉蒲台（今山東濱州）聚集數千白蓮教徒，以紅白旗為號，揭竿而起，對抗朝廷。這場發生在山東境內的農民起義，因為規模小、持續時間短，且沒有震動明朝政權，所以連歷史教科書上也沒有記述，但當時的皇帝朱棣「甚為震驚」，不但派出了「京營」五百精銳人馬，還把正在山東沿海「抗倭」的軍隊，也用在了鎮壓這場農民起義上面，很有「攘外必先安內」的架勢。

為顏面，皇帝竟不惜騷擾尼姑

朱棣為何如此興師動眾？據筆者分析有以下原因。其一，起義發生在「遷都北京」前夕，直接影響到皇帝的「形象工程」和「政績工程」，朱棣決不允許在這種時候出任何亂子；其二，起義軍以「白蓮教」為依託，教徒對唐賽兒死心塌地，唯命是從，朱棣決不允許「邪教」蠱惑民眾；其三，起義軍隊伍不斷壯大，屢敗官軍，且唐賽兒對於朝廷的招安不理不睬，使朝廷和朱棣顏面掃地。種種原因，使得朱棣對唐賽兒分外仇恨，對起義軍進行瘋狂鎮壓。因為寡不敵眾，腹背受敵，起義軍只堅持了三個月就失敗了，但唐賽兒下落不明。

為了消除心中憤恨，為了防止死灰復燃，為了能夠殺一儆百，朱棣下令嚴查唐賽兒的行蹤，但搜捕工作沒有任何進展。民間搜不到，朱棣決定調整工作重心，把搜捕唐賽兒的重點放到了佛門。

朱棣之所以這麼做，筆者認為有以下原因。一者，搜捕人員為了推卸搜查不力的責任，有可能以唐賽兒入佛門來搪塞朱棣。二者，佛門弟子遠離世俗，官府一般不介入，唐賽兒兵敗後極有可能混入佛門避難。三者，唐賽兒起義時，曾自稱「佛母」，朱棣以此認為唐賽兒與佛門有著某種關聯。史料中也有相關記載，朱棣因「唐賽兒久不獲，慮削髮為尼或處混女道士中，遂命法司，凡北京、山東境內尼及道站，逮之京詰之」（《明史紀事本末》）。

成謎案，巾幗英雄魂歸何處

於是，朱棣下令將北京、山東的尼姑、女道士統統逮捕，押送朝廷審訊。同年七月，朱棣又命段明為山東左參政，繼續搜索唐賽兒。段明為了完成這一任務，不僅把山東、北京的尼姑逐一搜查，全部捕捉，甚至還逮拿了全國範圍內的數萬名出家婦女。關於此事，《明史》也有簡單記載：「永樂十八年二月，山東蒲台唐賽兒反，唐賽兒不獲，淚逮天下出嫁尼姑萬人。」一直到朱棣病逝，他一心想捉拿到唐賽兒的願望也沒能實現。明朝強大而又嚴密的特務、巡察機構，在捉拿唐賽兒的問題上，因為不得民心，即使想出通過捕捉天下尼姑的荒唐、極端的辦法，最終也無濟於事，得到的結果是「賽兒卒不獲，不知所終」。唐賽兒究竟哪兒去了？多少年來，歷代不少史學家，為了尋覓這位巾幗英雄的最後歸宿，窮經皓首，至今仍無定論，終成歷史謎案。

中國古代飛天夢：明朝萬戶被稱為「世界航太第一人」

水銀河

據記載，早在春秋時期，魯班就開始削竹製鳥，上天後可以三天三夜不下來……

據記載，人類第一次有記錄的「登月計畫」來自中國明朝的官吏萬戶，月球上的一座環形山被命名為「萬戶山」……

據記載，火箭故鄉中國的康熙皇帝曾送給俄國沙皇兩箱古代火箭……

中華民族在人類發展史上曾創造過燦爛的古代文明。中國最早發明的古代火箭，便是現代火箭的雛形。隨著神舟七號載人航太飛行的圓滿成功，中華民族漫步太空的夢想終於實現了，標誌著中國成為了世界上第三個獨立掌握空間出艙關鍵技術的國家。

一九五七年十二月二十四日，一輛從莫斯科出發的專列抵達北京。車上除一百零二名蘇聯火箭技術人員外，還有一份前蘇聯「還給」中國的厚禮——兩發P-1近程地地導彈。據史書記載，火箭故鄉中國的康熙皇帝曾送給俄國沙皇兩箱古代火箭；兩百年後，前蘇聯又將兩枚現代火箭送給了中國……

回望中國人的飛天路，從上古神話傳說的女媧補天、嫦娥奔月到六百多年前人類第一個嘗試飛天夢想的明朝士大夫萬戶，再到新中國建立後中國人又七度飛天，七度凱旋，時間標注著中國騰飛的足跡，書寫著中國航太科技的自豪、中華民族的榮耀。每一次壯麗騰飛，托起的都是中華民族的飛天夢想……

織夢者：中國古代對太空的嚮往

中國自古以來就不斷地對宇宙進行研究：一方面用科學方法測量天體運行，製成曆法；另一方面因為無法知道天空的奧秘，許多反映這種思想的神話故事，如女媧補天、嫦娥奔月、牛郎織女等，一直流傳下來，成為人們喜聞樂道的民間傳說。

太空的奧秘，在古代是無從窺探的。但人們不斷地產生許多玄想、提出許多疑問。古代的思想家莊子寫了一篇《逍遙遊》，他描繪太空是「天之蒼蒼其正色邪？其遠而無所至極邪？其視下也，亦若是則已矣」。他知道天是「其遠而無所至極」，所以他玄想有一條大魚（鯤）變為大鳥（鵬），「背若泰山，翼若垂天之雲」，可以高飛九萬里，「絕雲氣，負青天」，而抵達「天池」。

這雖然是寓言，正是他對太空的想像。文學家屈原曾說：「登九天兮撫彗星」（《大司命》），「援北斗兮酌桂漿」（《少司命》）。最突出的是他所寫的《天問》，對於宇宙提出了一系列的問題，他說：「斡維焉系，天極焉加？九天之際，安放安屬？天何所沓，十二焉分？日月安屬，列星安陳？自明及晦，所行幾里？……何闔而晦，何開而明？……」

他對於日月星辰的安排、歲時晝夜的運轉、天體各星座和地球的關係，都提出很具體的疑問。這些疑問，正是人們的疑問，他自己不能解答，當時別人也不能解答，因此他只能把遨遊太空作為幻想，作為夢遊。他說：「昔餘夢登天兮，魂中道而無杭」，「欲釋階而登天兮，猶有曩之態也」（《九章》），又說：「載營魄而登霞兮，掩浮雲而上徵。」（《遠遊》），說明他對太空的嚮往。

本來，最早的《易經》就說：「天險不可升」；漢朝人趙君卿作《周髀算經》以圓規率測天的時候，也引周公的話：「夫天不可階而升也。」古詩人曾說「難於上青天」，俗話常說「比登天還難」。自古以來，對於天、對於宇宙，雖然想知道它，但無法知道。在文學家的筆下常常把它寫成神話，描繪成「太虛幻境」。

古代人民雖然不能了解天體的情況，但在這個願望之下，把它構成許多故事或傳說。這些神話性的故事，儘管內容不同，而嚮往窺探宇宙奧秘的願望，卻是一樣。古籍中這類記載很多；如晉朝王嘉的《拾遺記》說：「堯登位三十年，有巨槎浮於西海，槎上有光，夜明晝滅，海人望其光乍大乍小，若星月之出入。槎常浮繞四海，十二年一周天，周而復始，名曰貫月槎，亦謂掛星槎。」

這便是乘槎泛天河故事的起始，也可以說這是古代對於太空船的想像。又晉人張華《博物志》和宗懍《荊夢歲時記》分別記載天河中有牛郎織女，指的是銀河系中的牽牛星和織女星，後來演化成為小說，編成戲劇。很顯然，這是把天文學上的知識，演變成為民間故事。唐人牛嶠的《靈怪集》敍述太原人郭翰遇織女，織女告訴他天上的情形：「人間觀之，只見是星，其中自有宮室居處，群仙皆遊觀焉。」一年後織女與郭翰分離，郭翰寄以詩曰：「人世將天上，由來不可期。」

這是牛郎織女神話故事的發展。雖然是神話，而織女說的「人間觀之，只見是星」，已說明古人的想像力。因為無從知道星球上的事物，所以只能以人間的一切來想像。幻想總是美妙的，舊時代的實際生活總是痛苦的，於是人們又把太空作為天府，認為是神仙世界，寄託了種種幻想。

古人雖然不能了解太空的情形，又經常看見「天隕石」的現象，有些人就擔心有天塌地陷的危險，即古語所說的「杞人憂天」。唐段成式《酉陽雜俎》記王秀才在嵩山遇一工人，對他說「月勢如丸，其影則日爍其間也，常有八萬三千戶修之」。這雖然是一段神話，也說明了古人的天文知識，即日球和月球的關係：肯定月球比日球小，月球的光亮是由日球而來，都值得注意，是帶有科學性的神話。

雖然古人不能深切地認識宇宙，但遠在西元二世紀的漢朝，張衡就創造了「渾天儀」和「候風地動儀」，這是最早的測天儀器。自從這位傑出的天文歷數家製造出測天儀器以後，人們便進一步認識了天體，初步了解了星際的運行。以後又出了許多天文家歷數家，對天文曆象做出了偉大的貢獻。

實踐者：明朝人勇敢的航太壯舉

航太是中國人古已有之的夢想，只是苦於沒有交通工具，數百年間這個夢想一直停靠在無數人的心裡無法出海。明朝時，情況大為改變，當時國內的兵器工業取得了重大進步，尤其是「火箭」技術的提高，使一個名叫萬戶的人最終將這個千百年的夢想付諸行動，成為世界航太史上的第一人。

明朝火箭技術領先世界

南宋之後的元朝時期，蒙古統治者醉心於帝國廣闊的領土和巨大的財富，對火箭的技術幾乎沒有做出任何貢獻。直到朱元璋揭竿而起，驅逐元朝，火箭原地踏步的情況才大有改善。經過數代人的研究，明朝的火箭在發射形式上大為豐富，總的來說包括以下三類：

一、簡單架式發射，待發的火箭為一至五枚，如神機箭（三發）、龍架箭（單發）。

二、筒式發射，小型的待發箭同樣為一至五枚，如小竹筒箭（單發）、單飛神火箭（單發）、五虎出穴箭（五發）等；大型的為並列筒式，待發箭有數十枚，如「平曠步戰隨地滾」，有七個箭筒並列排開，兩端有輪，火力強大。

三、箱式發射，可以一次射出二十至一百枚火箭，用於對付密集陣型的敵人。發射箱為木結構，以一次性齊射為主，內部有前後兩塊帶孔擋板，用於確定火箭在箱中的位置，平時用蓋子蓋上防潮，戰時打開蓋子點燃引線就可發射，火力猛又易於儲藏，因此逐漸成了主要的火箭發射方式。主要品種有一窩蜂（三十二發）、群鷹逐兔箭（二十五發）、長蛇破敵箭（三十發）、百虎齊奔箭（一百發）、四十九矢飛廉箭（四十九發）。

無論是射程還是殺傷力，明朝的火箭技術都是世界領先的。當時的神火飛鴉、火龍出水和飛空擊賊震天雷炮三種新產品獨具匠心。宋朝火箭的戰鬥部是鐵製的箭鏃，殺傷力小，功能單一；神火飛鴉和飛空擊賊震天雷炮的戰鬥部為爆炸型，並且加入鐵片瓷片等破片來加大對人員的殺傷效果。火龍出水的戰鬥部則是縱火燃燒型的，在海戰中可以焚毀敵艦。其次是推進用的火箭，以並列的火箭來增加推力火龍出水更是採用了兩級火箭，射程極遠，在對日作戰中曾經大顯其威，讓豐臣秀吉的倭兵們吃盡了苦頭。

萬戶：世界航太第一人

美國火箭學家赫伯特·S·基姆（Herbert S.Zim）在一九四五年出版的《火箭和噴氣發動機》（Rockets and Jets）一書中提到：「約當十四世紀之末，有一位中國的官吏叫萬戶，他在一把座椅的背後，裝上四十七枚當時可能買到的最大火箭。他把自己捆綁在椅子的前邊，兩隻手各拿一個大風箏。然後叫他的僕人同時點燃四十七枚大火箭，其目的是想借火箭向前推動的力量，加上風箏上升的力量飛向前方。」

萬戶生於明朝初年，原本是個富家子弟，和大名鼎鼎的明熹宗朱由校一樣從小酷愛木工。所不同的是他喜歡鑽研，進行技術改良或是發明創造，而朱由校則是純粹地做好木匠。萬戶為了讓自己的天賦產生最大的價值，毅然放棄科考，參軍入伍走上了保家衛國的第一線。這段時間，他用自己的雙手改造了一系列武器，刀、槍、箭、炮無所不包。

當時明朝政府還和逃到北方的蒙古勢力常有大規模交火。他的這些發明讓明軍屢獲戰功，大將班背因此十分欣賞他，把他調到兵器局上班，專心武器研發。事實上，班背也是個兵器愛好者，他的興趣重點在當時的火箭技術改良上，夢想能製造出一飛沖天的「飛鳥」。閒暇之餘，班背就與萬戶一起討論。有了大靠山，萬戶的前途似乎一片光明。然而，班背是個十分正直的人，舌頭不會打彎，心眼也不會打彎，從來都是一根直腸子。沒過多久，他就因得罪了右中郎李廣太，被炒了魷魚不算，還被關在拒馬河上游的深山中。

看到好友受難，萬戶心神難安，想盡辦法要營救。恰好這時燕王朱棣正廣泛籠絡人才，能工巧匠來者不拒。李廣太看准了朱棣這棵大樹，竭力巴結，並推薦了精通尖端兵器技術的萬戶。但是他知道萬戶和班背的關係，所以多次威逼利誘。萬戶為了幫好友早日脫離苦海，就答應了他。人算不如天算，拒馬河靠近明朝邊境，是蒙古騎兵經常遛馬的地方。沒等萬戶人到，班背就死在了蒙古人的刀下。遇難前，他讓隨從把自己畢生的研究成果——《火箭書》帶了出去，交到萬戶手上，希望他完成自己的飛天夢想。

握著《火箭書》，萬戶立誓要造出「飛鳥」，從此開始了漫長的鑽研。其實，火箭這種技術早在弓箭誕生不久就已經有了，原本的含義是縱火之箭。通常作戰時，士兵在箭頭纏上甘草等易燃物品，點燃後射向敵人，達到大力度殺傷對方和焚燒糧草的效果。這種技術使用了很多年，在隋唐時期出現火藥的基礎上，又進行了重大改良。即把易燃物換成火藥，產生的效果就不僅僅是燃燒，還有更大威力的爆炸，這種火箭的名字叫做「弓射石榴箭」。

實際上，「弓射石榴箭」的動力基本還是來自人的雙臂，射程有限，無法達到理想的殺傷效果。這種情形在南宋時發生了改變。當時在與蒙古騎兵的長期對決中，為了有效地在遠距離之外消滅對方的機動兵力，讓騎兵的優勢無法發揮，能工巧匠們開始用火藥氣體取代人的雙臂，推進火箭發射。

最初的時候，弓箭手們利用綁在箭杆上的火藥筒噴出火藥氣體來增加射程。不過這是一項高難度工作，人的力量、弓的張力和射角都必須達到完美的配合，才能產生最理想的效果。為了解決這一技術難題，聰明的祖先逐漸設計成完全依靠火藥氣體推進的發射形式，這就是最原始的單級火箭。

萬戶經過多年的研究，逐漸從軍中廣泛使用的火箭中得到了靈感，設計出一種前所未有的「飛龍」火箭，射程可以達到一千米。理想終於完成，該是實現夢想的時候了，正如錢學森教授所說「將人送上藍天，去親眼觀察高空的景象」。

雖然是在六百多年前，雖然是百分之百的送死，但是萬戶還是邁出了人類走向太空的第一步。當時沒有太空船，他就用椅子代替，椅子後面捆綁了四十七支「飛龍」火箭，借助火箭向前推進的力量，太空似乎不再遙遠。難能可貴的是，他還想到了著陸問題，手裡準備了兩個大風箏，這樣就可以平穩地降落。這幾乎是當時所能用到、所能想到的最先進的優勢組合了。

起飛那天，萬戶坐在飛天椅上，平靜地吩咐僕人舉起火把。他的夢想，班背的夢想，無數古人的夢想，那一刻在他的口中化作兩個堅定的字——點火！隨著一陣陣轟響聲，火箭噴出一股股火焰，「飛龍」火箭把萬戶推向半空。正當地面觀看的人群歡呼的時候，第二排火箭自行點燃了，一聲巨響，萬戶連同「飛天椅」一起墜落在萬家山……萬戶就這樣走了，他犧牲在自己夢想的征途中。

為了紀念這位偉大的人類航太先行者，在上世紀七〇年代的一次國際天文聯合會上，眾人將月球上一座環形山命名為「萬戶」，將萬戶的名字永遠寫在了他夢想觸及的地方，以紀念「第一個試圖利用火箭作飛行的人」。

作為兵器的古代火箭，在宋、元、明代有過幾百年的輝煌歷史。以古代火箭為基礎，在隨後的歷史發展中，隨著科學技術的進步，人類一步步將飛天的夢想變成了現實。

北京如何成為明朝的政治中心

熊召政

南京、北京，明朝的南北兩個首都。而大明帝國最終定都北京，清朝繼之，中華人民共和國又繼之，其發脈者，正是明成祖朱棣。

南北首都之爭

永樂十九年舊曆四月的一天深夜，北京城突然風雨大作，夾雜著陣陣驚雷。新修成的奉天、華蓋、謹身三大殿因雷擊起火，化為灰燼。

朱棣心中頓時升起不祥之感。在科學尚不發達的古代，「天人合一」這一哲學命題，被強調到絕對的地步。地震、災害、雷擊等等自然現象，都被看成是執政者的失誤而帶來的。「上天示警」是一個嚴重的問題。它的嚴重性在於：第一，只有統治者出了問題，老天爺才會震怒，所謂「天怒人怨」，便是這個道理；第二，統治者並不知道自己的失誤在哪裡，這就需要有智慧的人站出來為其指點迷津。鑑於此，朱棣立刻下詔求言。也就是說，他希望朝野明智之士為他找出雷擊三大殿的原因。

很快，禮部主事蕭儀的奏本送到御前。這位六品官員（相當於今天的司局級）認為：三大殿遭受雷擊是遷都的緣故。把國都從南京遷來北京，不但諸事不便，就連大明的皇脈也擱在江南，這是大不敬的事。

朱棣看過奏本，震怒異常，他認為蕭儀把遷都與雷擊三大殿聯繫起來，完全是蓄意誹謗。因此他幾乎在第一時間內就做出了決定：命令錦衣衛將蕭儀抓進北鎮撫司大牢，不做任何審訊，就以「謗君之罪」處以極刑。

事情還沒有完，蕭儀的觀點在官員中仍有不少市場。同情他的官員多半是科道言官。科指六科，道指十三道。六科是對應吏、戶、禮、兵、刑、工六部成立的，是稽查六部的監察部門。六科編制是四十人，每科的負責人稱為都給事中，正七品。餘者都稱為給事中，正八品。十三道是對應全國各省，當時全國只有十三個省。十三道御史統歸都察院管轄，御史的官階同給事中差不多。兩個衙門類似於今天的監察部和審計署，級別卻要低得多。比之於今天，科道言官的級別也僅僅是縣處級而已。但科道言官的權力很大，在明代，位居二品的六部尚書遭言官彈劾而受到懲處的不勝枚舉。

明代的官場，有兩種經歷的人升官比較容易。一是在翰林院待過，二是當過科道言官。一般由翰林院而入內閣當輔臣，由言官而晉升為封疆大吏或方面重臣。

科道言官，一般都從年輕官員中選拔，這些人初涉仕途，尚不致沾染太多的官場惡習，擔任言官敢於彈劾不法權貴，因此歷代皇帝對言官頗為倚重。

但這次恰恰相反，對朱棣的遷都持異議的，多半是言官，而部院大臣都是堅定的遷都派。這是因為朱棣從侄兒建文帝手中奪取皇位後，對建文帝時的朝廷大臣作了一次徹底的清洗。經過二十餘年的篩選過濾，現在的部院大臣，大部分都是「靖難功臣」，他們也都成為南方士族的仇人，因此利益上與朱棣是一致的。

言官們都很年輕，與朱棣的「靖難」無關，因此他們更多的是就事論事，認為皇上「輕去金陵，有傷國體」。朱棣對這些言官非常惱怒，但不能像對待蕭儀那樣，一概殺之。於是他心血來潮想出一個辦法，讓這些科道言官與部院大臣一起到午門外跪下對辯。遷都究竟好不好，讓雙方各抒己見。

當其時，正是「清明時節雨紛紛」的時候，午門外的廣場上，言官與大臣分跪兩邊，個個都淋得落湯雞似的，但誰也不覺得尷尬，也不覺得侮辱。他們爭論得面紅耳赤，一天沒有結果。朱棣讓他們第二天再來午門下跪辯論。雨還在不緊不慢地下著，朱棣在城樓上不慍不火地看著。官員們冒雨下跪，不依不饒地爭論著。這場景看起來有點滑稽，然而中國中世紀的政治，便是在這種滑稽中有條不紊地進行著。

朱棣奪位與遷都北京

朱元璋於一三六八年創立大明王朝，雖然定都南京，但似乎從一開始，朱元璋就覺得南京不是很合適。因為它偏安江南，對控制遼闊的北方十分不利。

洪武元年，朱元璋下了一個詔書，言道：「江左開基，立四海永清之本；中原圖治，廣一視同仁之心。其以金陵、大梁為南、北京。」大梁即今天的開封。朱元璋出於戰略考慮，提出設南、北兩個都城。還有一說就是襲漢唐的舊制，將長安（今西安）列為都城。朱元璋覺得自己年事已高，完成不了首都北遷的任務，便將希望寄託在懿文太子身上。誰知懿文太子早夭，定都關中的計畫落空。方孝孺的《懿文皇太子挽詩》寫道：「相宅圖方獻，還宮疾遽侵……關中諸父老，猶望翠華臨。」講的就是太子曾去西安做遷都前期籌備工作的事。

自秦開始，中國歷朝的首都，大都建在北方。宋之前，長安、洛陽、開封都曾做過都城。其中以長安的時間最長；南方如金陵、杭州、揚州等處，亦曾做過都城。奇怪的是，在南方建都的王朝，大都短命。而都於北方者，大都國祚長久。

這皆因在漫長的歷史中，以農耕文化為主的漢文明，始終受到北方胡人的衝擊。在冷兵器時代，漢人的溫文爾雅怎抵擋得住蠻族的鐵馬金戈。建都北方，主要是為了抵禦異族的入侵。

朱元璋滅元之後，卻沒有將元大都也就是今天的北京直接定為首都，仍然選中金陵營造他的皇城。這大概是因為朱元璋出生淮右，而且骨子裡頭視「胡元」為異端，因此對元朝的都城從感情上厭惡。但是，從洪武二年起，他就對定都金陵產生了動搖。

朱元璋的遷都念頭，雖然從沒有打消過，但也從來沒有真正實行過。為解決西北和東北的異族入侵，他不是採取遷都北方就近指揮防禦的辦法，而是改用「封王」制，即把自己的兒子分封到北方各邊，擔負起剿撫夷狄的任務。關於這件事，鄭曉的《今言》有載：

國初都金陵。以西北胡戎之故，列鎮分封，似乎過制……今考廣寧遼王、大寧寧王、宣府谷王、大同代王、寧夏慶王、甘州肅王，皆得專制率師禦虜。而長陵時在北平為燕王，尤英武。稍內則西安秦王、太原晉王，亦時時出兵，與諸藩鎮將表裡防守。

北方，包括東北和西北，都有虜患。朱元璋於是分封九個兒子，統兵禦虜。天下的軍權，多半都在自己的兒子們手上，所以，生性謹慎的鄭曉也微諷「似乎過制」。這九位親王，都曾經與虜敵交過手。但真正對穩定北方控制強虜起到決定性作用的，還是時為北平燕王的朱棣。

朱棣是朱元璋的第四個兒子，在朱元璋的二十六個兒子中，他是最能幹的一個。

朱棣十一歲被封為燕王之後，朱元璋安排他同另外幾個未成年的藩王一道回到老家鳳陽讀了幾年書。他二十一歲就藩，所謂就藩，就是前往分封地居住。朱棣到了北平後，經常率兵從這裡出發，到東北或西北與「戎虜」作戰。多年的沙場生涯，培植了他君臨天下的胸襟。

他的父親朱元璋駕崩之後，傳位於太孫朱允炆，是為建文帝。這位年輕人斯文儒雅，但缺乏謀略與膽氣。俗話說「秀才造反，三年不成」，秀才治國，同樣也會弄出紙上談兵的悲劇。因此，朱棣對侄兒登基後的所作所為，不但嗤之以鼻，而且深為不滿。傳說朱允炆即位的第一年冬天，朱棣在北平的燕王府邸大宴賓客，其時天寒地凍，朱棣出一上聯讓人對：「天寒地凍，水無一點不成冰。」在座的姚廣孝應聲而對：「國亂民愁，王不出頭誰是主。」這好比撓癢癢撓到了正處，一直有奪位之心的朱棣聽罷大喜，便暗地裡進行著奪位的準備。

不管怎麼說，朱棣奪位是為「篡」，情形與唐太宗李世民的「玄武門之變」差不多，但朱棣給自己篡位下的定義是「靖難」。那些跟著他從北平打到南京的將佐，個個都變成了靖難功臣。

朱棣奪位成功，改年號為永樂。在其執政期間，做了幾件大事。如派遣太監鄭和下西洋，編纂《永樂大典》等，還有一個最大的政績，便是遷都北京。

北京在唐代之前，一直屬於幽州。趙宋政權期間，遼國占據幽雲十六州，北京在其內。經宋一朝，北京一直為胡人所控制。西元九三八年，也就是遼太宗會同二年，幽州改為南京，亦稱燕京。金與宋共同滅遼後，金占據燕京，直到金海陵王貞元元年（1153年）定都於此，改名中都。蒙古先滅金，後滅宋，征服全中國。忽必烈再次更名為燕京，到了至元元年（1264年）又恢復中都稱號。後來於此擴建皇城，改稱為大都。

蒙元國祚短暫，不到一百年，但對於北京的建設，卻是功不可沒。有一個叫劉秉忠的漢人，既當過和尚，也當過道士，還精通《周易》，因此得到忽必烈的信任。一二五六年，他受命在灤河上游修建開平城。他在建城中顯露的才華深得忽必烈賞識。於是在一二六七年劉秉忠再次被任命為元大都的營繕官，即建城總指揮。一二七六年，元大都建成。這一年，南宋都城臨安（杭州）陷落，趙宋政權滅亡。

據張清常先生考證，劉秉忠純儒，又得蒙古皇帝信任，所以他敢突破舊制，提出獨特的建城方案，當時民間都知道劉太保（秉忠）設計的章法是哪吒城。哪吒是佛教傳說中的護法神之一，又稱哪吒太子。劉秉忠把元大都設計成長方形。如果從高空俯瞰，會發現元大都形似三頭六臂雙足蹬著風火輪的哪吒形象。

洪武元年（1368年）閏七月，元順帝棄元大都逃走。八月徐達攻入城中，改大都為北平府。永樂元年（1403年），朱棣改北平府為北京。

朱棣遷都北京，有兩個原因。一個就是前面提到的，北方虜患不絕，建都在北京，便於就近制禦。當然，西安、開封都可選擇，但朱棣在北京住了二十多年，對這裡有感情。而且，到了明朝，西北的少數民族如突厥、回紇等都已式微，而東北地區的女真、韃靼都仍存在著騷擾中原的能力，對付東北的虜患，北京顯然比西安更具有地理優勢。第二，由於「靖難」之役，朱棣在南京殺人太多。建文帝的支持者，多半是江南士族，朱棣對他們大開殺戒，因此結怨於江南。再繼續待在南京做皇帝，已經失去執政基礎。因此他從取得皇位的那一天起，就有了遷都的打算。

遷都並不是一件簡單的事情，一是北京經過元末的戰火，毀壞嚴重，重建皇城，並非朝夕之事；二是初登皇位，立刻提出遷都，會讓人誤會他「膽怯」，而不敢在南京皇宮內號令天下；第三是出於經濟上的考慮，北京定為首都，所需錢糧，還得仰仗江南，以當時的運輸條件，這也是個不易克服的困難。

不過，朱棣委實不喜歡南京，從永樂七年開始，他讓太子留在南京監國，自己時時跑到北京住下來。當時的情況是南京仍作為首都，而北京則成為「行在」。實際上，早在永樂四年，朱棣就開始了北京的建都工作。

據傳，明北京城及皇宮的設計者是姚廣孝。這個姚廣孝同元朝的劉秉忠一樣，也是和尚出身。所不同的是，姚廣孝到死也沒有還俗。

姚廣孝在元大都的基礎上，擴建和改建北京城。他沒有保持「哪吒城」，而是按儒家的觀點，把北京建成一座方城；而皇城（紫禁城）則在方城的正中央。

北京城的建設，整整進行了十五年。這期間，為配合遷都，朱棣做了兩件事，一是從江南各地向北京大量移民；二是疏浚運河，打通南北的運輸幹線。據記載，洪武三十年，通過海運由南輸往北方的糧賦只有七萬石，永樂六年，就增至六十五萬石。永樂十二年，由運河輸往北京的糧賦增至五十萬石，另還有四十萬石由海運輸入。到了永樂十六年，由運河輸往北京的糧賦就已高達四百六十萬石。

當北京的財賦供給與人口都不成問題時，朱棣就發出遷都的詔令。北京不再是「行在」而變成了首都，南京則變成了留都。

遷都的正式實施是在永樂十九年（1421年）正月。此前，朱棣封賞所有參與都城興建的人員，其中有一個蘇州匠人蒯祥，封為工部侍郎。如果說姚廣孝是明北京城的總設計師，這個蒯祥就是總工程師了，所以功勞很大。

遷都最初的幾年，圍繞該不該遷都的問題，一直爭論不斷。朱棣為了壓制反對派意見，殺過幾個人，包括前面提到的蕭儀。

自從蕭儀死後，朱棣再沒有為遷都的事殺過人了。這是因為那一次雨中跪辯，所有的部院大臣與科道言官都看清了朱棣的決心：遷都不容置疑，哪怕老天爺震怒，再雷劈十座奉天殿，朱棣也決不會把金鑾殿搬回到南京去。

永樂二十二年七月，朱棣死。他的兒子仁宗繼位。次年改元洪熙。仁宗同他的爺爺朱元璋一樣，喜歡南京，登基之後，他決定把首都再搬回南京。但剛有這個想法，他就死了，在位還不到一年。仁宗的兒子宣宗繼位，他是朱棣生前最喜歡的皇太孫。宣宗同朱棣一樣喜歡北京，於是更改父皇的旨意，做出了暫不遷都的決定。這個「暫」字是為了給父皇一個面子，其實宣宗壓根兒就不想遷都。

所以說，某一個地方的興衰，的確與政治家的決策有很大的關係。如內蒙古的呼和浩特市，該城是張居正執政期間，為開放邊境貿易而倡議修建的「板升」城；再說今天的深圳市，如果不是鄧小平宣導改革，恐怕至今還是保安縣的一個小漁村。

北京城的運氣非常好，一是碰到了朱棣這樣一個皇帝，對它情有獨鐘；二是負責修城的劉秉忠與姚廣孝，都是非常有見地的設計師，沒有他們，北京城不可能有今世界矚目的帝京氣象。當然，仁宗的短命也是北京城作為首都得以存在的重要原因之一。如果他再活十年，北京城會是怎樣的命運，就很難說了。

瘋狂屠四川：張獻忠的血腥記錄

章夫

明末義軍紛起，陝西、山西、河南、湖北四地魚爛之時，四川相對平靜。然而，不知從什麼時候起，一首不祥的歌謠在四川大地上悄悄地流傳開來：「流流賊，賊流流，上界差他斬人頭。若有一人斬不盡，行瘟使者在後頭。」果然，不久之後，張獻忠就開始在四川大開殺戒了。

明朝皇帝朱由檢和李自成、張獻忠三個人都是年齡相仿的青年人，性格又都非常執拗。他們幾乎是同時登上歷史舞台：一六二八年，崇禎帝朱由檢登上帝位；同一年，因為陝西饑荒，流民四起，李自成、張獻忠在不同的地方起兵。這種偶然性加大了造成民族大悲劇的必然性。

成都三遭屠城

崇禎帝的執拗造成了明廷兵力的重大損失，李自成與張獻忠的執拗又造成了內戰的一再延長。結果是明廷覆亡了，李張兩人也相繼敗死。

而張獻忠手上卻沾滿了農民兄弟的鮮血。「黃巢殺人八百萬，在劫難逃」在民間流傳已久，成為諺語。張獻忠究竟殺了多少人，則缺少數據。民間傳說他幾乎把四川人殺光了，所以後來才有「湖廣填四川」的說法。

成都作家流沙河考證，成都歷史上有三次大屠殺。第一次在西晉東晉之交：事起於西元三〇一年，蜀西氐族豪強李特，糾合流民兩萬餘人，自稱鎮北大將軍，扯旗造反，陷廣漢，圍成都，入城大屠殺。其子李雄稱成都王，後又稱帝。播亂長達五十年。第二次在宋元之交：西元一二七九年，元朝滅南宋，兩度陷成都，先後大屠殺，「城中骸骨一百四十萬，城外者不計」，其作惡又勝過李特父子。元朝八十餘年，成都殘破，終無起色。第三次便是張獻忠那次空前絕後的屠城：明末崇禎十七年（1644年）陰曆八月初九，張獻忠陷成都。入城，張獻忠下令屠城三日。三日過了，停止大殺，只每日小殺百餘人以樹威。

屠夫如何殺人

張獻忠，延安人，原在縣衙門當壯勇，升小隊長，粗識文字，雅號靜軒。

張獻忠在四川殺人如麻，並非他獨嗜，諸多殺人方法也並非全是他首創，很多不過是對前人的借鑑而已，但照歷史記載，他似乎將諸多殺人方法匯總並發揚光大。

據史籍記載，張獻忠殺人的方式常見的有九大類：斬殺；草殺，即挨家挨戶殺；天殺，即在朝會時，放狗於諸宮，凡被狗聞過的人，即拖出殺掉；生剝人皮法，匏奴，即割手足；邊地，即分夾脊；雪鰍，即「槍其背於空中」；貫戲，即「以火城圍炙小兒」；其他尚有「抽善走之筋，斫婦人之足，碎人肝以飼馬，張人皮以懸市」等。

斬殺等雖也殘酷，但不是張獻忠自創，不過草殺、天殺、貫戲、張人皮以懸市，卻明顯帶有張獻忠作為屠夫的創造性。

張獻忠的軍隊每陷一方，對婦女除擄去少數年輕女子充當營妓外，其餘的怕累及軍心，全部殺掉。後期兵敗潰退，糧草匱乏時，更是殺婦女醃漬後充軍糧。如遇上有孕者，剖腹驗其男女。

張獻忠對漂亮女人似乎有一種莫名其妙的報復心理，征戰途中，不時有部下向他進獻美女，他通常留宿幾次就借故殺掉。攻占黃州後，他集中全城的婦女，挑那些年老或者貌醜的放走，留下年輕漂亮的，強迫她們去拆城牆。這些女人平時沒有幹過這樣的重活，許多人手指被磨得鮮血淋漓，昏厥在城下。城牆拆掉後，張獻忠又命令士兵把這些人全部殺死在城下。在攻打滁州戰役中，因久攻不下，張獻忠聽信一個陰陽先生的話，到周圍鄉村掠來婦女數百人，「盡斷其頭」，倒埋在城下，露出陰部對著城上，想以此來壓住城上的大炮。

對尚處於懷抱中的嬰幼兒，則將他們拋擲空中，下以刀尖接之，觀其手足飛舞而取樂。此命名為雪鰍。稍大一些的兒童，則數百人一群，用柴薪點火圍成圈，士兵圈外用矛戟刺殺，看其呼號亂走以助興致。此命名為貫戲。

稍有反抗或語言不滿的人，捉來將背部皮從背溝分剝，揭至兩肩，反披於肩頭上，趕到郊外，嚴禁民間藏留給予飯食，月餘而氣絕。如行刑者使人犯當時氣絕，未能遭此活罪，行刑者亦被剝皮。此命名為小剝皮。

「以火城圍炙小兒」的貫戲，是將殺人當成一門可以欣賞的、可恥而殘酷的「行為藝術」，對於毫無反抗能力的兒童也施行此種酷刑，在每個字縫裡都沾滿無辜血跡的此類文字在中國史書裡也是少見的。這說明張獻忠的殺人瘋狂、變態到了何種讓人不可思議的地步。

而狗聞過即殺掉的「天殺」，其禍從天降的隨機性，沒有道理，沒有規律，讓每一個生活在張獻忠周圍的人朝不保夕。如此提心吊膽、日夜恐懼、防不勝防，沒有誰能夠通過人力倖免，除了身體可能被消滅，還有精神上的徹底投降，以致於就此被嚇死。

甲申年（1644年）陰曆十月十六日，張獻忠在成都登基做皇帝，國名大西，年號大順。蜀王府改稱皇宮，蜀宮城改稱皇城。

一六四五年張獻忠裝模作樣地開科取士，以科舉為名，騙進士、舉人、貢生一．七萬人於青羊宮中，盡數殺戮，居然把欽點的狀元也給殺了。大西政權在四川各州邑安置官員，用軍令催逼周圍士子鄉紳到城鎮，由東門入，西門出，盡殺滅。攻陷成都僅兩個月，殺進士、舉人、貢生一．七萬人於東門外。

他命手下將士以殺人多寡記功晉級，到後來甚至無法計數，乾脆用手掌幾大堆、人頭幾大堆、耳鼻幾大堆來記。成都城內，「凡有軍官衙門所在，手掌如山積，幾於假山千峰萬疊」。待到後來張獻忠兵敗被誅，清軍收復四川，發現成都城內絕人跡已經十三年：瓦礫頹垣，不識街巷，林木叢雜，走獸野犬遊走其間，兩萬餘口水井，被屍骨人頭填滿與地齊平。

張獻忠並非一味顢頇快意殺人，蓋以殺人求政權之鞏固耳。怎知江山仍坐不穩，清軍一來，他就逃了。逃跑前下命令，必須殺盡蜀人，燒光房子，雞犬不留，以免資敵。

張獻忠殺人是細心計算的，軍糧太少，養不起那麼多嘴巴，必須運用減法，如此而已。成都所有民房，早給賊兵拆作柴薪燒了，不留一柱一椽。最後燒蜀王府，片瓦不存。

然後率領敗兵數十萬逃出城，一路殺向西充。逃跑前還進行了大屠殺，死男女數達十萬，剮之割之，製成醃肉，以充軍糧。

不可思議的是張獻忠還有「自殺」的行為。史料記載，某日晚，他的一幼子經過堂前，張獻忠呼喚兒子沒有回應，即下令殺之。第二天晨起後悔，召集妻妾責問她們昨晚為何不救，又下令將諸妻妾以及殺幼子的刀斧手悉數殺死。

後來，張獻忠軍事上越是失敗，心情越是焦慮，於是大殺自家兵士。《蜀難敘略》云，清軍進剿追擊，張獻忠兵敗棄成都逃到西充時，已無百姓可殺，乃自殺其卒，每日一二萬人。初殺蜀兵，蜀兵盡，次殺楚兵，楚兵盡，後殺同起事之秦兵。一百三十多萬人馬，兩個多月，斬殺過半，以此減負逃竄。張獻忠責其下屬殺人不力，罵曰：「老子只需勁旅三千，便可橫行天下，要這麼多人做甚。」

為何殺盡四川人

張獻忠到底殺了多少人？歷史上恐怕永遠無法準確統計，明史上稱有六十多萬。張獻忠軍隊的鐵蹄橫掃四川前後二十多年，禍遍巴蜀，使物力豐饒的天府之國，變為百里人煙俱滅、莽林叢生、狼奔豕突之地。戰亂使百姓棄田舍逃亡，十來年間，稼穡不生，顆粒無收，川人死於饑饉、瘟疫又倍於刀兵。明萬曆六年（1578年），全蜀人口有三百一十萬左右，到康熙二十四年（1685年）平定全蜀時，人口只剩九萬左右，成都原有住戶「十不存一」。可見明末清初時期，四川經歷了怎樣的劫難。

張獻忠為什麼要大殺四川人？魯迅先生作了很中肯的分析：張獻忠殺人的心理變化，在前期，是出於報復心理；在後期，是出於做不成皇帝而倒行逆施的變態心理。

應該說張獻忠報復殺人，起初是有對象的，那就是貪官污吏、地方豪強，並非濫殺。到了後來，張獻忠出於一種變態心理，殺人極為「酷烈」，正如魯迅《記談話》一文中所說：「先前我看見記載上說的張獻忠屠戮川民的事，我總想不通他是什麼意思；後來看到另一本書，這才明白了：他原是想做皇帝的，但是李自成先進北京，做了皇帝了，他便要破壞李自成的帝位。怎樣破壞呢？做皇帝必須有百姓，他殺盡了百姓，皇帝也就誰都做不成了。」

儘管張獻忠也想做皇帝，但他顯然沒有信心，知道自己強弩之末，無力改變滿洲入關後的大勢，於是殘忍乖戾，以屠殺為樂。

歷史的宿命

從西元前二二一年秦朝建立到西元一九一一年清朝覆亡的兩千一百三十二年間，中國出現過大大小小兩百八十多個皇帝，平均七年半即有一個皇帝誕生。改朝換代是免不了血腥剿滅的，同時因戰亂而帶來民生凋敝、餓殍遍野、死屍枕藉，即便是同一朝代之間的皇帝更替，也是一朝天子一朝臣，新一代皇帝對父皇的相關寵幸人物，也是免不了屠戮杖打、流放貶謫的，由此也難免傷及無辜。讀史使人明智，亦讓人悲憤神傷。

大才子紀曉嵐因何成了「縱欲狂」？

周英傑

在清代史上，大才子紀曉嵐算得上屈指可數的文化代表人物之一。自從乾隆年間中了進士後，紀曉嵐就從編修、侍讀學士累遷至禮部尚書、協辦大學士。不僅官做得步步高升，而且在文化方面也留下了令人嘆為觀止的成就，他曾任《四庫全書》總編纂官十多年，晚年著有《閱微草堂筆記》二十四卷，享有與《聊齋志異》並行海內外的盛譽。

在我們對文情華瞻、慧黠敏捷的紀曉嵐耳熟能詳後，有關「紀曉嵐超乎尋常人的『縱欲』」的論調出現了。紀曉嵐究竟是「大才子」還是「大色狼」呢？

綜括而言，紀曉嵐的「縱欲」主要表現在「食」和「色」兩個方面。就「食」的一面說，他的癖好是只吃豬肉，不吃米、麵，而且飯量尤佳，動輒每頓吃掉上十盤豬肉。相對於「食」的一面，紀曉嵐在「色」字上面的表現，更是強烈得令人嗔目，以至於讓人聯想到他是不是得了性欲亢進的疾病。

大才子是「色情狂」？

關於紀曉嵐在這兩個方面的特異表現，清人的一些筆記野史中多有記載，這裡隨手援引幾條，以為證明。

小橫香室主人在《清朝野史大觀》卷三中說：「公平生不穀食麵或偶爾食之，米則未曾上口也。飲時只豬肉十盤，熬茶一壺耳。」

采蘅之的《蟲鳴漫錄》卷二說：「紀文達公自言乃野怪轉身，以肉為飯，無粒米入口，日御數女。五鼓如朝一次，歸寓一次，午間一次，薄暮一次，臨臥一次。不可缺者。此外乘興而幸者，亦往往而有。」

昭槍在《嘯亭雜錄》卷十中也說：「（公）今年已八十，猶好色不衰，日食肉數十斤，終日不啖一穀，真奇人也。」

孫靜庵的《棲霞閣野乘》更是講述了一個關於紀曉嵐好色的精彩故事：「河間紀文達公，為一代巨儒。幼時能於夜中見物，蓋其稟賦有獨絕常人人者。一日不御女，則膚欲裂，筋欲抽。嘗以編輯《四庫全書》，值宿內庭，數日未御女，兩睛暴赤，顴紅如火。純廟偶見之，大驚，詢問何疾，公以實對。上大笑，遂命宮女二名伴宿。編輯既竟，返宅休沐，上即以二宮女賜之。文達欣然，輒以此誇人，謂為『奉旨納妾』云。」

堂堂的一代文宗，竟然好色好到了近似於「色情狂」的病態程度，甚至在皇帝面前也不加掩飾，這一現象到底是精神現象，還是單純的生理現象？似有進一步解剖的需要。在這個問題上，前人的野史筆記都把它歸之於單純的生理現象，說他是「奇人」，具有這個方面的特異功能，云云，這是被表面現象給蒙蔽了的「只見樹木，不見泰山」的泛泛之談。

作為一位才情冠絕一時的大知識份子，紀曉嵐的「好肉」與「好色」，不能只簡單地當成一種純粹的個人生理現象，更多地應被理解為是一種精神現象，必須到他的精神世界的深處尋找原因，這才能切中肯綮，找到這種現象的最合理的解釋。

紀曉嵐的文化成績

而要揭開這個現象的謎底，首要的一點必須從紀曉嵐在文化方面所取得幾項成就的真實「含金量」說起。紀曉嵐為世人矚目的文化成績主要有兩項：一是奉旨領導編纂了一部百科全書式的巨型圖書──《四庫全書》，二是在晚年寫了一部「追錄舊聞，姑以消遣歲月」的隨筆雜記《閱微草堂筆記》。

關於《四庫全書》，今人文懷沙老先生曾將其評價為是一部閹割中國古文化的集大成之作（大意）。實際上，這也並非是很新鮮的思想。美國著名漢學家費正清在其名著《美國與中國》中，對於《四庫全書》早就提出了相似的觀點，並一針見血地指出。

通過這項龐大工程，清廷實際上進行了一次文字清查（文學上的「宗教裁判」）工作，其目的之一是取締一切非議外來統治者的著作。編纂人在搜求珍本和整文本以編入這一大文庫時，也就能夠查出那些應予取締或銷毀的一切異端著作。他們出高價收集珍本，甚至挨家挨戶搜尋。該禁的圖書是研究軍事或邊務的著作以及有反夷狄之說的評議，而主要是那些頌揚明朝的作品。正如L．C．古德里奇所論證的，這是最大規模的思想統治。

以上這些「誅心之論」，筆者是非常贊成的。紀曉嵐秉承皇帝的諭旨所從事的這項事業，可以說它是一項前無古人的偉大事業，也可以說它是「閹割」中國傳統文化的一項工程。

至於《閱微草堂筆記》，雖然煌煌二十四卷，但是仔細閱讀過它的人都會發現，這部明顯受了蒲松齡的《聊齋志異》影響的筆記體雜記，除了語言文才斐然、行文亦莊亦諧、故事引人入勝等幾個優點外，倘就內容和思想性而言，無非是在重複一些「因果報應」的老調，根本沒有一點自己獨特的觀點和見解，實在是貧乏虛脫得可以。

值得注意的一點是，紀曉嵐本人對這部消遣之作，也並不看好，他曾經寫詩這樣評價自己的《閱微草堂筆記》：「平生心力坐消磨，紙上雲煙過眼多。擬築書倉今老矣，只應說鬼似東坡。前因後果驗無差，瑣記搜羅鬼一車，傳語洛閩門弟子，稗官原不入儒家。」

倘若像以上的分析這樣，那麼，綜括而言，紀曉嵐在文化方面的成績其實很乏善可陳的。誠然，他擁有一腔絕世的才情和強健的體魄，在一個正常的時代裡，本應該留下能夠代表自己真正水準的著述，傳之後世，但事實卻是除了代滿族皇帝編輯了一部閹割中國文化的大書，寫了一部沒有什麼思想價值的《閱微草堂筆記》之外，實在沒有留下真正讓人矚目的自己的東西來，這不能不說是一大遺憾。

必須強調的一點是，紀曉嵐在文化方面乏有真正的大建樹，並不是因為他的才學不足以達此。恰恰相反，紀曉嵐是具備寫出大書的才情、閱歷和精力的，他本人也具有強烈的發表欲和表現欲，酷愛出風頭，要不是這樣的話，野史上也不會留下那麼多關於他妙語解頤、當眾挖苦別人的段子。

紀曉嵐為何懶於著述

那麼，才情冠絕一時的大才子紀曉嵐為什麼懶於著述呢？應當說，對於這一點，不光是現在的我們看到了，就是當時的知識界中也多有注意到這一問題的。清人陳康祺在他寫的《郎潛紀聞二筆》卷六中，就專門研究了這一問題，並引用了紀曉嵐自己對於這個問題的解釋。

在該書「紀文達不輕著書之原因」一節中有這樣的概括：「紀文達平生未嘗著書，閑為人作序記碑表之屬，亦隨即棄擲，未嘗存稿。或以為言。公曰：『吾自校理秘書，綜觀古今著述，知作者固已大備。後之人竭其心思才力，要不出古人之範圍，其自謂過之者，皆不知量之甚者也。』」

這段話透露出來的一個重要資訊就是還在紀曉嵐活著的時候，這個問題就已經被鄭重提了出來，而且連紀曉嵐自己也意識到了這個問題，這才就這個問題專門表白一番。根據紀曉嵐自己的說法，他之所以懶得著述，是因為看的古書實在太多，知道自己縱然寫些什麼，也不能出古人之右，因此才主動放棄了著述的權力。

不過，這樣一種解釋實在經不起推敲。紀曉嵐的確是讀書甚多，但是古人讀書比紀曉嵐多的應當大有人在，別的不說，單說在他之前的顧炎武、黃宗羲、王夫之等人，恐怕哪個讀的書也不能說比他老人家少吧，但為什麼這些人就沒有因此而封筆呢？

再者，如果按照紀曉嵐的這個邏輯，不是大家今後都不要再努力著述了嗎？「名山事業」豈不是要到此為止了嗎？以紀曉嵐的睿智，他完全應當知道，古人並沒有包圓所有的真理，也不可能包圓所有的真理。一個時代的人有一個時代人的獨特感悟，這些感悟是不會完全重覆的。

所以，紀曉嵐自己所說的不願意著述的原因完全是站不住腳的搪塞之辭，他之所以沒有盡心著述，寫出真正的大書來，明顯是另有隱衷。聯繫到當時政治氣候和文化界的現狀，這個原因其實也很簡單，這就是高壓的文化政策、頻繁興起的文字獄，已經使紀曉嵐的思想受到了嚴重的衝擊，迫使他接受了精神上的「閹割」，從此不敢寫任何有價值的東西。

清初的文字獄是相當嚴酷的，而這些文字獄中的相當一部分，恰恰就發生在乾隆皇帝授意紀曉嵐編纂《四庫全書》的同時。根據統計，整個乾隆年間一共興起文字獄一百多起，而在編纂《四庫全書》的期間，則發動了四十八起，幾乎占到了總數的一半。

紀曉嵐幫著乾隆「閹割」中國的古書，最清楚滿族皇帝真正的心思。一方面眼見著許多著作因為有政治問題而被禁毀或者篡改；另一方面，耳聞目睹當代許多文人因言惹禍，或者丟掉官職，或者全家被株連的遭遇，他不能不對文字工作的危險性產生足夠的恐懼。因此，智商甚高的紀曉嵐也只能選擇「鴕鳥政策」以自保。從此以後選擇謹慎為文之一途，或者乾脆就什麼也不敢寫了。

從另一方面分析，乾隆皇帝之所以選擇一個漢族的大知識份子來領銜編纂《四庫全書》，其中固然有滿族當中盡皆「綠林大學」畢業，殺人是強項，但「修文」則實在拿不出手的現實，乾隆內心裡也不能排除通過編纂《四庫全書》，讓這個漢族的大知識份子接受一次形象的再「教育」的「小九九」。

當然，不論乾隆是不是深謀遠慮到了這一層，結果卻是明明白白地放在那裡的。這就是以紀曉嵐為代表的漢族最優秀的腦袋，通過編纂《四庫全書》這項工程，一方面秉承主子的意思，極力對古人的著作進行了全面的「閹割」；另一方面，在「閹割」古人的過程中，也被有意無意地集體實施了「精神閹割」手術。這些漢族的知識精英從此只能夠像紀曉嵐一樣，把超人的才情施之於說點笑話、對個對聯和挖苦個同僚，斷然是不會再像其不遠的前輩黃宗羲、顧炎武等人一樣，胸懷「為天地立心，為生民立命，為往聖繼絕學，為萬世開太平」的壯志，進行獨立思考的著述事業了。

眾所周知，由於清朝初期開始大興文字獄，當時的大部分漢族知識份子都是將精力傾注到了考證之學中的，由此導致了清朝的「小學」空前地發達。

紀曉嵐既然身處期間，當然也不能例外。在《閱微草堂筆記》卷十五《姑妄聽之》部分的序言中，他就坦承：「餘性耽孤寂，而不能自閑。卷軸筆硯，自束發至今，無數十日相離也。三十以前，講考證之學，所坐之處，典籍環繞如獺祭。三十以後，以文章與天下相馳騾，抽黃對白，恆徹夜構思。五十年後，領修秘笈，複折而講考證。」

這其實是一段多少有點辛酸的「自供狀」，它明確地表白了紀曉嵐從事文化事業五十年來的心理演變軌跡。從中我們可以看到，紀曉嵐在三十歲以後，也曾經有過「以文章與天下相馳騾，抽黃對白，恆徹夜構思」的慷慨激昂的階段。但自從開始受命領導編篡《四庫全書》，這種夢想就完全破滅了，他又重新折回到了考證之學裡面，從此不再懷抱有「名山事業」的非分之想，老老實實地去過他安穩的「觀弈道人」的出世生活去了。這其中的意思是明擺著的，這就是他已經被成功地實施了「洗腦」，由一縷桀驁不馴的「遊魂」，徹底地變成了一個即使在寫一部談鬼論怪的雜記時，也念念不忘「有益於勸懲」的「衛道士」角色。

紀曉嵐變成「縱欲狂」的原因

但紀曉嵐畢竟不是平常的「池中之物」，他絕世的聰明才智和旺盛的創造欲望被壓抑後，必然會尋求一種新的發洩管道，這就是心理學上講的「易情效應」。紀曉嵐和魏晉時期在司馬氏強權統治下的許多被壓抑了的先輩知識份子一樣，在日常生活中尋到一個發洩管道，就是食和性。

而且，徵諸歷史，像紀曉嵐一樣被實施了「精神閹割」的文人，通常其肉體上的欲望往往是超乎常規地發達。而與之相反的是，那些像司馬遷一樣被「閹割了肉體」的知識份子，則剛好在精神上呈現旺盛的創造力量。這兩者其實是一個硬幣的兩面，是一對孿生兄弟，它們同時印證了這樣一條生物學法則：身體的某一方面被壓抑，在另一方面就會出奇地發達起來。

我們看到的紀曉嵐正是這樣的一個典型。他在被清朝的統治者「閹割」了精神和思想上的創造性，變成了一個「精神上的太監」之後，便迅速地滑向了肉體上的縱欲和狂歡，竟然「年已八十，猶好色不衰」，試圖用這種肉體之上的狂歡，來發洩過剩的「里比多」，藉以消磨豪情，轉移自己內心的壓抑和痛苦。

應當說，把一個優秀的知識份子改造成這樣的一副德性，無疑是他乾隆皇帝的最大成功。因為乾隆皇帝心裡最清楚，紀曉嵐再好色好吃，大不了也就是犧牲自己的幾個宮女和國庫裡的一點糧食，一個淪落到整天只知道「御女」和「食肉」的人，對統治者是一點威脅也沒有的。

從本質上說，這樣的人和那些宮中的太監並沒有什麼不同，都是些只會跟在皇帝的屁股後面高呼「萬歲萬歲萬萬歲」的角色。因此，當紀曉嵐當面說出自己喜歡女人時，乾隆皇帝不但不加以責怪，反而大度地派出了自己的兩名宮女去滿足紀曉嵐的欲望。這個乾隆皇帝大約可以算得上是「偉大」的樣板了。

從分析紀曉嵐式「縱欲狂」的病因，我們大約可以得出這樣的一個結論：中國自古以來實際上存在著兩種「宮刑」。一種是直接割掉男人生理上的生殖器，使之變成生理意義上的「太監」；另一種則是剝奪男人獨立、自由的思想能力，使之變成精神意義上的「太監」。前一種做法只能讓「大丈夫」變成肉體上的中性人，卻仍然阻擋不住像司馬遷這樣的自由意志強健者，因此還不算太陰毒，也並不算徹底。而這後一種精神層面上的「閹割」，則只會造就肢體強健的奴才和愚民，不但更具隱蔽性，而且更徹底和行之有效。

解密《投名狀》：「刺馬案」始末全記錄

陳冬

根據「刺馬案」改編的影片《投名狀》的上映，使得流傳一百三十多年的「清末四大奇案」之一的「刺馬案」再度被關注。「刺馬」緣何而起，誰是這一奇案的最大獲利者？史實漸被隱藏，坊間傳說不斷，眾多版本的「刺馬案」隨著時間流逝，皇朝內部的政治色彩早被淡化，正史的記載更確信這是一場政治謀殺和權力之爭，在歷史的流光碎影中，真相似乎已顯得不那麼重要。

但是，無論是現在的《投名狀》還是以前張徹版的《刺馬》，馬新貽總以「漁色負友」的形象出現，使得這一「緋聞案」流傳更廣。馬氏後人則表示，馬新貽並不是「漁色負友」之徒，「馬新貽對妻子很專情」，一些史學家也認為「馬新貽是個清官」。直到現在，馬氏後人家中還收藏著一些當年清政府用來紀念馬新貽的石人、石馬。那麼，歷史上的「刺馬案」究竟是怎樣的呢？

清朝同治九年，兩江總督、封疆大吏馬新貽被刺要案，就發生在清末的南京。南京市第一中學的校址原為清江寧府箭道和西花園，正是「刺馬」案發地點。這樁至今未解的晚清四大奇案之首的「刺馬案」，案情撲朔迷離，後來的文章、圖書及其他記載多以「情殺」視之。那麼，《刺馬案》有怎樣的歷史背景？是情殺，還是政治謀殺？刺客為什麼不逃走，還高喊：「刺客是我張文祥」？張文祥跟馬新貽之間有什麼深仇大恨，他的「作案動機」到底是什麼？為什麼慈禧太后親自出面處理此案……

正史記載的「刺馬案」

正史上的「刺馬案」是兩江總督馬新貽被張汶祥（張文祥，應是刺客本名，舊時官府往往會在犯人名字上加三點水或者草字頭，以示山賊草寇）當街刺死的晚清要案。

馬新貽，字穀山，進士出身，本書生，非驍將。咸豐三年，馬新貽在合肥、廬州連克太平軍，累軍功，升任廬州知府。咸豐七年，馬新貽在軍事不利的局面下攻克舒城，記名道員。但咸豐八年，陳玉成兵指廬州，馬新貽不敵，廬州易主，馬也因此被革職。四年後，同治元年，新君登基，馬新貽在老上司的舉薦下複官，後因在蒙城擊潰太平軍而遷至安徽布政使。此後，隨著太平天國的逐漸衰敗，馬新貽也累擢至浙江總督，後任福建總督，在同治七年改判兩江總督兼通商大臣。這是他一生中最高的官位，也是最後一個官位。

同治九年（1870年）七月二十六日，馬新貽赴署右箭道校閱操練，回署衙時被人攔在當街，攔路者假意呈狀，一擊而中。由於傷勢嚴重，馬新貽在遇刺第二日身亡。這一案件頓時轟動全國，慈禧太后命護督將軍魁玉與漕運總督張之萬會審，在審理過程中，張汶祥多次翻供，前後相差極多，無法定案。不得已，慈禧又派刑部尚書鄭敦謹會同新任兩江總督曾國藩複審。歷經半年之久，最終以張汶祥潛通海盜圖謀報復定罪，張汶祥被淩遲處死，並追加剜心祭奠馬新貽。案發後，皇帝親賜祭文、碑文，特贈太子太保、預騎都尉兼雲騎都尉世襲、謚「端潛」，敕令江寧、安慶、杭州、海塘、菏澤等地為其建造專祠。

民間三個版本的「刺馬案」

在清史、野史、小說當中，對馬新貽有截然不同的描述，於是產生了「刺馬」幕後故事的種種演繹。

第一種：好官論

按照清史中的記載，馬新貽在政務上頗有作為。同治三年，清軍擊潰浙江的太平軍勢力，重新控制浙江，馬新貽擢升至浙江巡撫後的第一件事情，就是奏表請求免去稅賦。第二年，又再次奏表請求減去杭州、嘉興、湖州等七府縣的部分稅賦費用，朝廷不僅應允，還命令築石碑於當地，以示相應稅費永久性免除。馬新貽當政期間，修建海寧石塘、紹興東塘，並修整了三江口。不僅如此，馬新貽還剿滅了當地反政府武裝、打擊黑社會，重視教育，提供獎學金。因為這一系列的政績，他被提升為閩浙總督。在同治七年他調兩江總督後，著力於軍事訓練及對反政府武裝力量的打擊。

同治九年七月，馬新貽遇刺後，魁玉等嚴刑拷問，但張汶祥供詞屢變，呈交朝廷後，給事中王書瑞上奏，表示案件必有幕後主使，應順藤摸瓜，找到根源。於是，漕運總督張之萬參與二次會審。這次會審提供出了新的審訊記錄：張汶祥本來就是廣東的太平軍，後來又和海盜勾結。馬新貽在浙江任巡撫期間，大力打擊了南田海盜，張汶祥的很多同黨被清軍殺死，張汶祥自己的妻子也被人掠走。為此，張汶祥特地向馬新貽提起訴狀，希望得到解決。由於馬新貽不准，遂挾仇行刺，並定性為報復殺人，無幕後指使。

慈禧看到審訊記錄，仍然不能相信，特意找到在天津的曾國藩徵求意見，慈禧問曾國藩：「這事情不是很詭異嗎？」曾國藩表示同意。此後，曾國藩以新任兩江總督的頭銜會同刑部尚書鄭敦謹第三次審理，張汶祥的終審相當於省長和公安部部長一起完成的。這次終審並無其他突破。

按照清史的描述，馬新貽基本可以說是一等一的好官，生得光榮、死得偉大。但由於此案審理得反覆漫長，過程中出現一些蹊蹺事情，讓正史版的「刺馬案」反倒不可信起來。

第二種：醜聞論

第二種版本是諸多「刺馬」文學、影視做品的藍本，在這個版本中，「刺馬案」本已水落石出，但清廷為遮醜，不得已偽造供詞、屈打成招，捏造出張汶祥通匪復仇的故事，讓案情得以了結。這個版本，也是坊間巷裡傳得最廣的。

在這個版本中，馬新貽本無能耐，曾戰敗於太平軍被俘。當時太平軍已經日薄西山，遂有馬新貽誘之以利，與張汶祥、石錦標、曹二虎三人結義。張汶祥即為《投名狀》中姜午陽的原型，曹二虎、石錦標，名字雖然一樣，但性格已被大幅改動。

在醜聞版的刺馬內幕故事中，馬新貽依靠張汶祥、石錦標、曹二虎搏命獲得的軍功，累遷至巡撫、總督，張汶祥、石錦標也升至四品左右，唯獨曹二虎因有勇無謀，最終只謀得五品官職。後來，曹二虎覓得佳人，卻被馬新貽瞄上，馬先是誘姦了義弟之妻，在事情敗露後，又設計殺了曹二虎。而張汶祥則離開馬新貽，最終伺機刺死馬新貽，復仇成功。

這個版本的來源，據說是張汶祥最終向鄭敦謹主動交代的，因為張汶祥敬重並信任這位「鄭青天」。但考慮到醜聞涉及朝廷命官，最終將張汶祥挾仇報復的審理結果作為判處依據。但在案件發生不久，還在審理期間，關於「刺馬案」的文戲就已經在民間上演，戲中的故事就是馬新貽負友漁色，張汶祥為弟復仇。由於民間傳聞不可忽略的作用，最終的審判結果更被認為是慈禧太后有意掩蓋醜聞，而馬新貽衣冠禽獸的評價也傳得越來越真切。

第三種：陰謀論

但隨著時間的推移，更多的小說家推出了陰謀論的解讀方式。馬新貽因政績累遷，不管是不是真的有政績，但他上表請求減去稅賦，興修水利工程，打擊盜賊的事情，應該是不會作假也很難作假的。從這個角度來說，馬新貽在政治上，確有所作為。陰謀版把著眼點放在湘軍、淮軍的矛盾，曾國藩的命運轉折，馬新貽與丁日昌的關係上。

天京（今南京）被湘軍攻陷後，太平天國失去了最後的據點，在太平天國興盛時期，洪秀全等太平天國首腦聚集了大量的財富，但最終，曾國藩向清廷呈交的數目卻相當有限。財富去向，成了太平天國覆滅後的一大謎團。縱觀曾國藩一生，雖也有起伏，卻絕無跌宕。

太平天國覆滅後，慈禧為防止曾國藩獨大江南，將其調離兩江，同時，通過李鴻章對湘軍進行裁軍、削編和打壓；而這個軍事改革的執行者，就是馬新貽。

馬新貽屬淮軍派系，用他來打壓湘軍，應不會有勾結的可能。馬新貽任兩江總督前，曾得慈禧召見，按照一些歷史學者和小說家的推測，在這次接見當中，馬新貽得到了調查太平天國財產去向的密旨。帶著這樣的雙重使命，馬新貽履新上任。在陰謀論的觀點當中，曾國藩對於削編湘軍持默許態度，這也是他謀求自保的一個選擇。

但另外一方面，湘軍也不甘心坐以待斃，裁軍之後，大量湘軍反成土匪，靠殺人越貨謀生度日。作為匪徒，他們又一次站在了馬新貽的對立面上，第二次遭到馬新貽的打擊。於是，湘軍重金買凶，覓得張汶祥行刺。另一方面，為了混淆視聽、顛倒黑白，通過文人、戲班編排醜化馬新貽的文戲，誤導民眾認知。

張汶祥行刺時，在馬新貽護衛面前一擊而中，說明這次謀殺的佈局相當縝密，而張汶祥得手之後並未逃走，在第一次審理時就給出了馬新貽淫人妻子，謀殺義弟的供詞。在招供、推翻供詞、再審、再供這樣的過程中，最終提交了一個張汶祥挾仇行刺，能夠在不同集團間平衡利益的結果。

馬新貽的政治背景

風雨飄搖中的晚清，政治腐敗、社會動盪，五花八門的事層出不盡。這種「山雨欲來風滿樓」的態勢，預示著清朝的命運。馬新貽被刺時的身分是兩江總督。清末的兩江指江南省（包括今天的江蘇、安徽兩省及上海市）和江西省，兩江總督的職能不僅是這兩省的行政最高領導人，而且也統管軍政，屬於清朝最高級的封疆大吏之一。

馬新貽（1821年至1870年），回族，山東菏澤城東北西馬垓村人。祖輩幾代為清朝官吏。於道光二十七年，二十七歲時與李鴻章同榜中進士，先後任安徽建平知縣、合肥知縣、安徽按察使、布政使、浙江巡撫、兩江總督兼通商大臣等職。他平長毛，剿撚子，由縣而府，由府而道，一直做到安徽藩司，有「能員」之稱，歷任巡撫都很賞識他。

太平天國平定，馬新貽調升為浙江巡撫，第二年十二月，接慈禧太后大恩人吳棠的遺缺，繼任閩浙總督。不過半年工夫，移督兩江，升官的速度快得讓人吃驚，在不到兩年的時間內就由二品官升到了疆臣中最有實力的兩江總督。

慈禧和清廷有自己的考慮，太平天國失敗後，人們傳言曾國藩有野心，其實他的部下早就慫恿他謀取帝位。在與太平軍作戰時，清廷不得不倚重湘軍，但是，如今太平軍被「蕩平」了，她能允許曾國藩在江南坐大嗎？東南臥著一隻虎，她睡覺也不安心。於是她把曾國藩調離江寧，派馬新貽任兩江總督，迅速裁撤湘軍。對於馬新貽，恭親王推薦的時候說得明白：「馬新貽精明強幹，操守亦好。他在安徽服官多年，對兩江地方最熟悉。剿撚的大功告成，淮軍裁遣回籍，要馬新貽這樣的人，才能把那些驕兵悍將，妥為安置。」

馬新貽遇刺經過

一八七〇年八月二十二日（同治九年七月二十六日），前夜裡剛下過一場大雨，空氣清爽，兩江總督馬新貽一大早便來到督署西邊的校場演武廳，親自閱射。每年一度的總督閱射，是當時江寧的一大盛典，因為要顯出與民同慶的樣子，所以特別允許百姓參觀。

江寧城內駐有綠營兵兩千多人，又有四營未撤的湘軍，都要參加這次演武。校場規矩很嚴，就連中上級武官所帶的隨身僕從，都不得進場，只能在柵欄外觀看。正卯時分，一聲號炮響後，考核開始。武職的考試十分好看，有洋槍、抬炮、長矛、開弓、馬術等。場內槍聲陣陣，快馬馳騁，一時場內呼喝之聲，與場外叫好之聲此起彼伏，連成一片，特別熱鬧。到中午校場檢閱完畢的時候，外邊百姓已經擠得人山人海，連馬新貽閱畢回署的箭道兩旁也擠滿了圍觀的群眾。

馬新貽乘坐的是八抬綠呢大轎，兩旁有八個壯健戈什哈圍護著；再一圈是兩行護兵，再外是一群武職官員，箭道兩旁是一般小官，都齊齊整整地分立兩旁，排成一條甬道，從校場直排到總督衙門的大門口。刺客張汶祥就夾在遠處的綠營兵中。

等馬新貽走到後院門外時，一個年輕的武官突然從所站之列衝出來，跪在馬新貽大轎前道：「馬大人，卑職是吉字營的一名營官，我們吉字營幾次去領軍火，都被拒絕。如今兄弟們拿的都是空槍空炮，連平時的演練也不能。請馬大人示下，何時才能讓我們領到軍火？」

馬新貽的大轎被人攔住，只好命人落轎。他聽到那人是吉字營的，知道是湘軍。他對湘軍向來不太喜歡，這一段時間又一直在加力裁撤湘軍，對軍火的事根本不想管，心想：

再過一陣子，我這裡的湘軍也就裁撤得差不多了，再發給你們軍火做什麼用？難道讓你們用來造反嗎？想到此，嘴裡說道：「等我查明後，自會公平處理。你先下去吧，這裡不是談公事的地方。」

那人並不走開，繼續說道：「馬大人，我們湘軍也是為朝廷流過血出過力的呀，哪一點兒差過綠營，怎麼綠營的裝備都是新的，軍火充足，卻對湘軍另眼相看？」

馬新貽見這個營官說話沒有規矩，厲聲道：「混帳東西，你也配和本大人說這話嗎？叫你們標統上來。」

兩邊戈什哈一把將這人推開，就在這時，有人高喊冤枉從近旁的士兵隊伍中衝出來，兩個戈什哈上去攔他，那人輕輕一晃繞了過去，直撲到轎前跪下來。手舉一張訴狀道：「大人，請為小的雪冤。」

馬新貽問道：「你是誰？有什麼冤枉之事？」

正準備起轎的轎夫見馬新貽說話，又停了下來，等著那喊冤之人遞狀子。

只聽那喊冤人道：「四弟死得冤啊。」話音未落，從衣襟下掏出一把明晃晃的匕首，直撲到轎前，用力扎入馬新貽右肋中。刀入馬新貽身子後，那人並不停手，又把匕首在肚皮裡只一絞，將肚皮絞成一個大窟窿，腸子登時從窟窿裡迸了出來。碎腸隨刃而出，匕首也卷成螺旋彎刀。只聽馬新貽喊一聲：「原來是你。」便昏了過去。

行刺發生在電光火石之間，隨行軍士竟一時驚呆了。還是跟隨差弁方秉仁反應快，上前一把抓住那人的辮子，其他人一擁而上，奪匕首、救馬新貽亂成一團。那人既不抗拒，又不逃跑，從容就縛，口中說道：「我決不逃跑，用不著你們動手捉拿。養兵千日，用在一朝。大丈夫一人做事一人當，我張汶祥今日拚命，二十年後又是一條好漢。」說畢仰天狂笑。中軍副將喻吉三聽到呼喊，急忙趕到，喝令將張汶祥先捆了；又急命軍醫前來救治；又道：「先前那請領軍火的營官必是他的同夥，也一併給我擒了。」但大家方才只顧得救人拿兇犯，竟讓那人偷偷地逃了。只好又派人到處搜索。一會兒軍醫趕來，先止住了馬新貽的流血，又讓人取下門板，將馬新貽抬進督署上房。

中軍副將喻吉三一面命巡捕將兇犯押到督署候訊，一面差人飛報江寧將軍魁玉和司道各員。魁玉聞訊大驚失色，飛奔督署探視。馬新貽仰臥榻上，呼吸困難，精神委靡，生命垂危。血帶黑紫之色，不僅是受了重傷，顯然兇器上還有劇毒。馬新貽氣息奄奄，自知命不能保，口授遺疏，令嗣子馬毓楨代書，請魁玉代呈朝廷。午後，馬新貽已再不能言，延至當日下午兩點多鐘，因傷勢過重，救治無效，遽爾殞命。正處英年的馬新貽一下子從顛峰跌落到地，淹沒在茫茫宦海之中，成為人生世界的匆匆過客。

案發後，慈禧為此案定調子，連發四道諭旨。這樣一件大事，立刻傳遍全城，人們無不驚詫萬分。清廷十分驚恐，知道此案涉及封疆大臣的內幕醜聞，於臉面上大不光彩。因此，只能掩蓋矛盾，粉飾門面。慈禧太后為了維繫她搖搖欲墜的統治，親自出面處理此案。把正在天津處理教案的大員曾國藩調來，審理這個案件。並在曾國藩出發前夕，召見了他，面授機宜，說「馬新貽辦事很好」，為此案定了調子。這還不放心，一周之內，又連連派出大員參與審案。刑部尚書鄭敦謹，也奉旨與曾國藩同審。

八月二十九日，清廷連發的四道諭旨為：第一，命「魁玉督同司道各官趕緊嚴訊，務得確情，盡法懲辦」；第二，「曾國藩著調補兩江總督，未到任以前著魁玉暫行兼署」；第三，密旨安徽巡撫英翰加強長江防務和地方治安；第四，「著魁玉督飭司道各官，設法熬審，務將因何行刺緣由及有無主使之人一一審出，據實奏聞」。

刺客張汶祥與供詞

刺客束手就擒，自報姓名張汶祥，46歲，河南汝陽人。道光二十九年（1849年）南下寧波販賣氈帽，據說當過四年太平軍，還救過一個叫時金彪的清軍俘虜。後來看到太平軍大勢已去，便與時金彪出逃，回寧波與南田海盜團夥往來密切，做過太平軍李世賢的裨將。

堂堂兩江總督竟然在總督府被刺身亡，對風雨飄搖的清朝廷來說，不僅是種打擊，更是諷刺。慈禧太后接到奏報後吃驚地表示：「馬新貽此事豈不甚奇？」

可更奇的是刺客張汶祥的供詞。據張汶祥供稱，他之所以要殺馬新貽，動機有三點。一是，張汶祥回到寧波後，發現一個叫吳炳燮的人霸占了自己的老婆和錢財。人財兩空的張汶祥找到時任浙江巡撫的馬新貽，請他斷個公正，但馬新貽未受理。張汶祥只好到寧波府告狀。雖妻子回來，但錢丟了，氣急之下，逼老婆吞煙自盡。張汶祥認為馬新貽應對自己的不幸負一定責任。二是，張汶祥曾經有一些海盜朋友被馬新貽捕殺。三是，馬新貽明令禁止張汶祥私自開的「小押」（重利盤剝的典當行）生意，絕了張汶祥的生路，加深了張汶祥對馬新貽的憤恨。新仇舊恨，使得張汶祥動了殺心，將馬新貽刺殺。

這份供詞是官方認可的定讞，簽字畫押後，如今尚存於台北故宮博物院。

行刺動機支離狡詐，審訊進展艱難

上諭未到江寧，八月二十七日魁玉又急奏：「拿獲行刺之兇犯，始則一味混供，迨晝夜研鞫，據供系河南人，名張汶祥，直認行刺不諱，而訊其行刺之由，尚屬支離狡詐。」

九月三日，清廷立即諭旨：「情節重大，亟應嚴切根究」，「務將行刺緣由究出，不得含混奏結」。魁玉一日接到四道上諭，這才體會到個中滋味，僅僅告知「一味閃爍」、「語言顛倒」、「支離狡詐」既不能讓朝廷滿意，也不能屏止眾口。果然，王公大臣紛紛議奏。給事中王書瑞奏道：督臣遇害，疆臣人人自危，其中有牽掣窒疑之處，應派親信大臣徹底根究，勿使稍有隱飾。

五日，清廷再下諭令：「惟以兼圻重臣，督署要地，竟有不法凶徒潛入署中，白晝行刺，斷非該犯一人挾仇逞兇，已可概見。現在該犯尚無確供，亟須徹底根究。著張之萬馳赴江寧，會同魁玉督飭司道各員，將該犯設法熬審，務將其中情節確切研訊，奏明辦理，不得稍有含混。」清廷一開始就意識到此案的嚴重性，現在又懷疑非張汶祥一人所為，因此口氣越來越嚴厲。

十八日，清廷又下諭旨：「張汶祥行刺督臣一案，斷非該犯一人逞忿行凶，必應徹底研鞫，嚴究主使，盡法懲辦。現審情形若何？魁玉此次折內並未提及。前已明降諭旨，令張之萬馳赴江寧會同審辦。即著該漕督迅速赴審，弗稍遲延。魁玉亦當督飭司道等官，詳細審訊，務得確供，不得以等候張之萬為辭，稍形鬆懈，此事案情重大，斷不准存化大為小之心，希圖草率了事也。」清廷明確提出「嚴究主使」，從而抓住了本案的癥結。對魁玉審案，似乎不耐煩了，字裡行間充滿了斥責，態度更加嚴厲。

二十四日，魁玉帶著幾分委屈、幾分無奈、幾分惶恐，再次奏陳：伏思前督臣馬新貽被刺一案，案情重大，張汶祥刁狡異常，奴才督飭司道晝夜研審。張汶祥自知罪大惡極，必遭極刑，所供各情一味支離。訊其行刺緣由，則堅稱既已拚命做事，甘受碎剮。如果用刑過久，又恐兇犯倉促致命。

不過，魁玉多少還是向朝廷報告一些進展，已審出張汶祥是「漏網發逆頭目」，曾在太平軍侍王李世賢名下領兵打仗，進攻漳州，轉戰安徽、江西、廣東、福建、浙江等地。張汶祥的女兒張寶珍，兒子張長幅，同居之舅嫂羅王氏已被拿獲，現在飛咨山西巡撫何璟，要求押解張汶祥所供時金彪歸案對質。唯有此案的核心即行刺緣由仍無確供。

審訊的結果與判決

兩江總督乃一品大員、封疆大吏，位高權重，名似直隸總督之下，實居各總督之首。馬新貽擔任兩江總督，又是慈禧心腹，居然被刺身亡，朝廷自然認為刺馬案並不簡單，幕後必有隱情和主使，甚至矛頭直指湘軍集團。

審訊長達七個月，最後的審訊結果是：因馬新貽力剿海盜，張汶祥為友復仇和為己洩憤而刺殺馬新貽。終於為張汶祥定了一個「漏網發逆」和「復通海盜」的罪名。而馬新貽，上諭賞加太子太保銜，照總督陣亡例賜恤，重重地予以撫恤，入祀賢良祠，列國史傳，並賜謚端敏，又令在江寧、荷澤、廬州等地建立專祠，春秋官為之致祭，其子馬毓楨則加恩賞給主事，分刑部學習行走。一句話，馬新貽是一個好官，張汶祥是一個發逆。一八七一年四月四日，曾國藩奉旨監斬，轟動一時的刺馬案終於拉下帷幕。

行刺動機的N個版本

歷史上關於張汶祥行刺馬新貽的動機眾說紛紜，莫衷一是，主要有以下五種。

第一種說法：因馬新貽力剿海盜，張汶祥為友復仇和為己洩憤而刺殺馬新貽

在一八七〇年十二月，漕運總督張之萬、江寧將軍魁玉上奏的一個奏摺中，審訊官員稱：兇犯張汶祥曾為發撚，後來又同海盜相通。馬新貽在任浙江巡撫時曾經力剿海盜，張汶祥同夥多被馬新貽捕獲刑殺。加之，張汶祥妻子羅氏曾被吳炳燮誘拐，而在馬新貽巡遊至寧波時張汶祥曾攔轎呈控，馬新貽卻未受理。因此，張汶祥更是懷恨在心。因受海盜龍啟沄指使和鼓動，張汶祥既要為同夥復仇，又要為自己洩憤，於是行凶刺馬。這種解釋似乎順理成章，但朝廷開始並不相信這一解釋，認為刺馬案另有隱情，幕後必有主使，但後來不得不接受這一審訊結果。

第二種說法：馬新貽私通回匪，張汶祥為此不平而殺之

馬新貽私通回匪而招致殺身之禍之說來源於張汶祥供詞。在江寧將軍魁玉初審張汶祥的過程中，張汶祥曾經供說馬新貽私通回匪，並說是時金彪告訴他的。但當官府拿到時金彪，並讓其與張汶祥對質時，時金彪卻說張汶祥誣陷他。張汶祥也改了口供，後來又供稱咸豐七年他為發撚時，曾經俘獲時任廬州知府的馬新貽，因不知馬新貽是知府而將他與時金彪一起釋放。當時審訊官員驚愕相視，錄供者也停筆不敢記錄。事後，當時負責審訊的江寧將軍魁玉並未將所謂馬新貽私通回匪一說上奏朝廷，至於馬新貽曾在廬州被俘一事更是諱忌莫深。其實，馬新貽廬州被俘一事至今沒有確鑿證據可以證明，但馬新貽因私通回匪而招來殺身之禍的故事自此卻不脛而走。

第三種說法：馬新貽因審理江蘇巡撫丁日昌之子丁慧衡（時任知府）致死人命一案，造成督撫不和，從而招致殺身之禍

督撫不和之說雖有些緣由，但證據不足。當時馬新貽被刺，距丁惠衡案結僅四十餘天。一八七〇年的那場校射，按照慣例，總督和巡撫都要參加（總督親閱頭棚，巡撫檢閱第二棚），但江蘇巡撫丁日昌恰巧頭天奔赴天津協助曾國藩審理天津教案去了。故而朝野上下多有督撫不和之流言，太常寺少卿王家璧更是上奏直指總督馬新貽被刺與江蘇巡撫丁日昌有關。丁日昌眼看大火就要燒到自己頭上，便急速趕回蘇州，上奏請求朝廷敦促已被任命回任兩江總督的曾國藩到任。丁日昌曾是曾國藩幕府和親信，屬於湘軍集團人物。如果曾國藩到任，局勢無疑會有利於丁日昌，故而更給督撫不和論調增添了層層疑霧。但「刺馬案」是否為丁氏所為，實在無以為證，只有上述影跡供人猜測而已。

第四種說法：由於政治原因，馬新貽被湘軍集團設謀而殺

有人聲稱，湘軍集團與刺馬案關係甚大，可能的理由大概有以下七點。

首先，馬新貽在奉旨接任浙江巡撫進京請訓時，慈禧太后授他密旨秘密調查天京陷落後太平天國國庫金銀財寶的下落。太平天國曾在天京積聚了不少財寶，但在湘軍二號統帥曾國荃（曾國藩胞弟）率軍攻進天京後，這些財寶被湘軍洗劫一空。朝廷曾讓時任兩江總督的湘軍頭號統帥曾國藩查報太平天國國庫的下落，但曾國藩報稱天王府已被大火焚毀瓦

礫全無。兩江重地到處都是湘軍人馬，朝廷調任曾國藩為直隸總督，明升暗降，就是有將其調離老巢以便監控之考慮。

其二，馬新貽在去江南任職的路上曾經請假回家祭祖，當其起程時將二位兄長召至身邊秘密叮囑：「我此去吉凶難料，萬一有不測，千萬不要到京告狀。要忍氣吞聲，方能自保。」

其三，由於案犯供詞閃爍，主審大員含糊其辭，清廷曾一天連下四道諭旨，前後審案官員多達五十餘人，長達半年之久不能結案，即便是在號稱鐵面無私的刑部尚書鄭敦謹和老成持重的兩江總督曾國藩長達月餘的審訊下，所得結果亦不出前番官員之審訊，只不過量刑更為殘酷，審訊過程非常曲折複雜。朝廷一直認為刺馬案另有主使，但最終也不得不接受如此審訊結果。

其四，曾國藩回任兩江總督和審理刺馬案態度消極可疑。馬新貽遇刺身亡後，朝廷即刻調派尚在天津處理教案的直隸總督曾國藩回任兩江總督，但他上折固辭，朝廷幾經敦促後才前往就任，且到任後並不著急審案。在與朝廷再次欽派的刑部尚書鄭敦謹共同審案過程中，曾國藩又極少發問。審訊將近半個月後，曾國藩提示鄭敦謹，恐怕案子還得像以前那樣奏結。

其五，結案後刑部尚書鄭敦謹的舉動值得思量。鄭敦謹得諭後本想將這個天下疑案審個水落石出，怎料審案月餘後案情仍與此前無異，只好於一八七一年三月十九日與曾國藩聯名上奏審案結果。未等聖旨下達，更沒等張汶祥正法，鄭敦謹便匆匆離開了江寧，但他並未回京交旨，只打發兩個隨從郎中代他複旨。按照清制，欽差大臣不回京複旨是要治罪的。朝廷迭下諭旨命其回京，他以有病為辭，請求開缺，並終生不再為官。

其六，馬新貽親信、江蘇候補道孫衣言給馬新貽寫的神道碑銘。碑銘稱：「賊悍且狡，非酷刑不能得實。而叛逆遺孽，刺殺我大臣，非律所有，宜以經斷，用重典，使天下有所畏懼。而獄已具且結，衣言遂不書諾。嗚呼！衣言之所以奮其愚憨為公力爭，亦豈獨為公一人也哉！」此文一出，震驚朝野，輿論大嘩，就連慈禧太后也懷疑其中另有隱情。

其七，刺客張汶祥死後有湘軍將士為其立碑，並進行祭拜。於是，有人根據上述跡象懷疑「刺馬案」與湘軍集團有關。其實，這也只是猜測。曾國藩乃晚清中興重臣，湘軍乃清廷活命主力。要是曾國藩及其統帥的湘軍有異心，湘軍早就揮師北上，問鼎京師，曾國藩也早就稱王稱帝了。想當年，湘軍將士出生入死，死傷無數，力挽狂瀾，功莫大焉。然而功高震主，儘管曾國藩沒野心，也識時務地及時遣散了湘軍，但清廷對曾國藩和其他湘軍將士仍然很不放心，唯恐找不到把柄。

馬新貽是慈禧心腹，也許以慈禧為首的清廷認為，甚至希望刺馬案幕後主使就是湘軍要人，然後藉此對湘軍集團開刀，歷史上許多帝王就是這樣對待功臣良將的。至於湘軍將士為刺客張汶祥立碑並進行祭拜，這並不能說明湘軍集團與之有什麼關係，因為包括湘軍將士在內，人們普遍同情張汶祥，並頌揚其為友復仇的義勇行為。所以，「刺馬案」應該與湘軍集團沒有什麼關係，至少沒有充分的證據證明有什麼關係。

第五種說法：馬新貽漁色負友，張汶祥為友復仇而殺之

馬新貽漁色負友之說最早見於現代武俠小說大師平江不肖生（本名向愷然，湖南平江人）的《江湖奇俠傳》及其《張汶祥刺馬案》。

原來，馬新貽之所以官運亨通，靠的是假報軍功和結納權貴得來的。馬新貽在所謂剿匪戰鬥中，本是敗軍之將。被俘以後，馬新貽又無骨氣，與「匪首」義結金蘭，再由他的把兄弟導演一幕馬新貽收復失地的鬧劇，欺瞞朝廷。在拜把兄弟的扶助下迅速飛黃騰達，以致後來爬上一品大員寶座。那些拜把兄弟原以為可以攀附於他，千里迢迢前來投靠。但馬新貽不僅奸占了老二之妻，而且誘殺了老二。而老三張汶祥因偶然原因逃脫馬新貽魔掌，最後弄出這一出刺馬大案來。

據平江不肖生說，本案詳情他是從湖南同鄉、「刺馬案」欽派主審、刑部尚書鄭敦謹的女婿口中所得，而鄭之女婿是在鄭敦謹審問張汶祥時在屏風後面偷聽到的。其真實程度如何不得而知，但看來合情合理。張相文也持馬新貽漁色負友之說，其《張汶祥傳》流傳甚廣，故事塑造了一個俠肝義膽、為友復仇的刺客形象。

馬新貽在尚未發跡時，曾和張汶祥以及另一人結為兄弟，馬新貽為老大，另一個為老二，張汶祥排行老三。老二和老三原來皆為綠林中人，馬新貽的軍功頗得力於老二和老

三。但馬新貽對這兩個結拜兄弟的進官入仕並不出力，故而兩兄弟對馬早已不滿於懷。又因老二之妻貌美，久為馬新貽所占，且馬新貽為剪除後患，蓄意加害老二。於是，張汶祥為替二哥報仇而刺殺馬新貽。

「刺馬案」的五大疑點

疑點一：馬新貽進京後驚恐萬狀

據高尚舉（山東菏澤醫專的馬列教研室主任，他研究馬新貽已有十幾年，搜集了很多史料。據報導，《投名狀》在審片的時候，有關部門還專門請他過去做了歷史顧問）的分析，馬新貽在奉旨接任兩江總督時，曾經進京請訓。當馬新貽最後一次覲見完畢，從養心殿出來時，大汗淋漓，驚恐萬狀。

據馬新貽的後人講述，慈禧太后授馬新貽密旨，要他秘密調查南京陷落後，太平天國國庫財物的下落。據傳，太平天國曾在天京積聚了不少財寶，當曾國荃攻進南京後，這些財寶就被湘軍搶劫一空。事後，湘軍中人多有購田置地者。當時朝廷曾查問太平天國國庫，曾國藩卻只說天王府已被大火焚毀，瓦礫全無。馬新貽接到這樣的密旨，深知事關重大，故而失態。曾國藩治軍已久，兩江重地到處都是他的人馬。朝廷調曾國藩做直隸總督，恐怕有將其調離老巢，以便監控的考慮。馬新貽雖說文官出身，但做事精明幹練，不屬湘軍集團，授此重任，也是慈禧的高招。

疑點二：曾對兄長說「斷頭」話

據高尚舉講，馬新貽在去江南的路上，曾經請假回菏澤老家祭祖。離家時，曾將二位兄長召至身邊，秘密叮囑：「我此去吉凶難料，萬一有不測，千萬不要到京告狀。要忍氣吞聲，方能自保。」如此絕命「斷頭」之語，馬氏兄弟聽後，驚恐萬狀。

疑點三：審訊兇手曠日持久

從可查詢的史料來看，當馬新貽被刺後，首先由江寧將軍魁玉以及藩司梅啟照等人審訊，幾經周折，所奏不過是案犯「言辭閃爍」、「一味支離」等話。而朝廷則相信幕後定然另有主使，故而加派漕運總督張之萬奔赴江寧審案。張之萬抵達江寧後，刺馬案的審訊工作依然沒有突破。朝廷動怒，於是再派刑部尚書鄭敦謹飛馳江寧速審，同時敦促曾國藩前往江寧任上主持大局。可結果只不過量刑更為殘酷，將案犯張汶祥淩遲處死，另加剖心致祭。

高尚舉說，可以說朝廷自始至終都認為「刺馬案」另有主使，並且不斷降旨以推動審訊工作，前後輪番參加審訊的官員多達五十餘人。但直到最終，各番官員也沒有審訊出朝廷所謂的幕後主使，朝廷迫不得已接受了審訊結果。

疑點四：曾國藩態度曖昧

曾國藩就任兩江總督的態度令人難解。兩江總督馬新貽遇刺身亡，朝廷聞訊即刻調派尚在處理「天津教案」的直隸總督曾國藩回任兩江。高尚舉對記者說，當時，曾國藩正因解決天津教案不力身處被動。朝廷調他回任兩江，正好脫身，應是好事。

「但是，他上了一道『謝調任江督恩因病請開缺折』，固辭兩江總督。後又數次推託，朝廷幾經敦促，曾國藩才動身。」高尚舉說，「實際上，曾國藩一直都在密切關注著江寧的事態發展。『刺馬案』一出，江寧將軍魁玉、他的門生布政使梅啟照、江蘇候補道孫衣言等就一直給他頻頻來函。抵達江寧後，曾國藩卻並不著急審案，每日裡不過是聊天接客，翻看《閱微草堂筆記》。在朝廷再派欽差鄭敦謹抵達江寧前，曾國藩唯一所做的與『刺馬案』有關的工作，不過是給馬新貽作了一副挽聯，前往弔唁了一番。而後來在與鄭敦謹共同審案的過程中，曾國藩又往往沉默寡言，極少發問。鄭敦謹進行了將近半個月的審訊後，曾國藩不過是淡淡地提示鄭敦謹，恐怕案子還得像以前那樣奏結。為何曾國藩有此消極態度？只怕其中另有隱情。」

疑點五：欽差鄭敦謹神秘引退

高尚舉表示，刑部尚書鄭敦謹一向有鐵面無私的聲譽。這次，鄭敦謹得諭後即刻星夜兼程抵達江寧，稍事休息，便開始審案。怎料審案結果，仍與此前無異。最後，鄭敦謹和曾國藩聯名上奏審案結果，基本內容無甚變化。最終，朝廷也不得不接受這一結案。未等聖旨下達，更沒等張汶祥正法，鄭敦謹便匆匆離開了江寧。曾國藩送的盤纏他分毫未受。鄭敦謹並未回京交旨，走到清江，他聲稱有病不能回京，只打發兩個下屬代他複旨。按清制，欽差大臣不回京複旨是要治罪的。朝廷迭下諭旨命其回京。他只以有病為辭，請求開缺，並終生不再為官。鄭敦謹的兩個助手顏士璋和伊勒通阿回京後，前者被放到蘭州做替補知府，旋即回籍賦閑；而後者隨後也奉旨回鄉頤養餘年。

高尚舉說：「綜合以上種種跡象，我認為『刺馬案』應該出自湘軍集團的陰謀，但湘軍集團究竟是由誰及怎樣謀劃的，尚不清楚。歷史的確切情況還有待於進一步發掘。」

一邊借款一邊抓人：一九一〇年清朝拯救股市

雪珥

今天，我們為自己所持股票被套和股市動盪而恐慌，一九一〇年的中國人也有過同樣的經歷。這年的夏季，清政府一邊忙著抓捕各犯案金融機構的責任人，一邊到處借款大舉拯救股市，高官們甚至也奉旨親臨上海「災區」現場辦公。清政府救住這場股災了嗎？

一九一〇年的夏季，大清政府為拯救股市忙得汗流浹背。

那一年，席捲全球的橡膠股市「奔牛」終於趴下，熊市捲土重來。東南亞橡膠企業，約有1/3在上海上市，令上海成為全球橡膠股市的「發動機」之一，吸納的中國資金高達四千多萬兩白銀，將近國家財政年收入的一半。

如今，「發動機」驟然停火，股票狂跌。正元、謙餘、兆康三家錢莊，率先於七月十五、十六日兩天倒閉。這三家錢莊的莊主，把錢莊當做私人提款機，濫發莊票，大肆炒作橡膠股票，結果股市狂跌後，造成數百萬兩資金被套，周轉失靈，只好關門大吉。

上海市面立即大為恐慌。外資銀行見狀，為免遭受池魚之殃，準備收回拆借給中國錢莊的所有資金，這等於是火上澆油。隨後，森源、元豐、會大、協大、晉大等錢莊相繼倒閉。

在危機面前，上海地方政府的行動可謂相當迅速。在正元錢莊等停業的當日，就將相關錢莊的有關人員及帳本等控制羈押。上海道台蔡乃煌與商會人士緊急磋商，決心政府救市。

蔡乃煌攜商會會長周金箴七月十八日乘坐專車前往南京，向上司兩江總督張人駿彙報請示，返途中又到蘇州向另一上司江蘇巡撫程德全請示。當時錢莊的信用已經崩潰，從外資銀行再借款的話，必須由政府出面進行擔保。張人駿立即電奏中央，北京隨即批示，同意由政府出面擔保錢莊從外資銀行借款，以維持市面。北京外務部將此救市決定照會各國駐華公使。

匯豐、麥加利、德華、道勝、正金、東方匯理、花旗、荷蘭、華比等九家外資銀行，八月四日向上海借出了總數為三百五十萬兩的款項，錢莊則將相應數額的債票押給銀行，由上海道台在債票上蓋章背書，作為政府擔保，錢莊還款後債票交道台註銷。這麼大筆的緊急借款，各外資銀行並未趁機收取高息，年息只有四厘，大大低於市場行情，等於是金融援助。但為了防止「大清特色」的人亡政息，合同中特別約定了本項借款「由現任道台及後任道台完全擔保」。

在出面擔保借款之外，清政府亡羊補牢，抓捕各犯案金融機構的責任人。當時最重要的責任人、正元錢莊的股東陳逸卿，因是外商的買辦，受到美國政府的庇護，美國政府拒絕由中方進行審訊和逮捕。而兆康錢莊的股東唐壽江曾經花錢買過三品的道台頂戴，也算是個「紅頂商人」，兩江總督張人駿只好先請旨將其革職，然後查抄家產，但剛脫掉了這位唐壽江的「紅」帽子，又發現他還戴了頂「藍」帽子——他已經加入了葡萄牙國籍，拿著洋人的「派司」，是外籍華人了。張人駿也不示弱，趕緊「依法辦事」，查出了葡萄牙民法有明確規定，不准他國的官員申請入籍，而唐壽江畢竟是大清國的堂堂三品道員，正好不符規定，照抓不誤。

一邊借款，一邊抓人，眼看在政府的干預下，上海的市面穩定了下來。但上海的股災幕後，還有著政府行為失措的深層原因。

作為中國乃至遠東的金融中心，上海不僅集納了中國民間的大量資金，而且集中了清政府的主要海關收入及對外的巨額賠款。一九〇四年，大清商務部（「商部」）就盯上了這筆國有資金，向慈禧太后打了個報告，說這筆國有資金閒著也是浪費，不如在動用前先拿來生息，算下來每年可得近五十萬兩，劃給商部使用，就可以推行一些新政，這「實於商務大有裨益」。

在官員們信誓旦旦下，老佛爺便同意了將上海的國有資金投向「殷實莊號」生息。表面看來，這是一樁官民雙贏的好事，但如何選擇「殷實莊號」、利息如何計算，就完全屬於經辦官員們「研究研究」的範圍內了。在上海的橡膠股票投機狂潮中，這些巨額的國有資產，自然也通過「殷實莊號」的管道，大量地流入了股市，對股市起到了巨大的哄抬作用。

危機的第二衝擊波來自上海最「牛」錢莊源豐潤。源豐潤老闆嚴義彬不僅是個「紅頂商人」，而且「紅得透頂」：他的錢莊吸納了大量國有資金的存款，甚至連由政府擔保、剛從外資銀行借到的救市款，也有很大一部分先存在它的戶頭上。更為牛氣的是，純國資的海關收入，按規定應存在官銀號中，但海關銀號「源通」也是這位嚴義彬名下的資產。這樣「又紅又專」的錢莊，在危機中便儼然中流砥柱，而官員們也是以維護老嚴就等於維護上海的穩定這樣冠冕堂皇的理由，將公款儘量長時間地留在它的帳上。問題是，「牛」透了的源豐潤卻已外強中乾：嚴義彬的另一錢莊德源，在股災中虧損嚴重，源豐潤的資金被大量抽去挽救德源，源豐潤其實已經被蛀空。

被蛀空了的源豐潤終於被一陣來自北京的微風吹倒。九月二十七日，是清政府向西方列強支付當期「庚子賠款」一百九十萬兩的最後日期，但在還剩九天的時候，上海道台蔡乃煌突然致電度支部（「財政部」），說賠款專用的兩百萬兩白銀都存在各錢莊，無法提取，請求由大清銀行緊急撥銀兩百萬兩墊付。度支部認為，這是拿穩定市場作為藉口，骨子裡是地方官們「罔利營私」，立即對蔡乃煌進行彈劾，並警告說：「倘此次無銀應對，外人必有枝節，貽誤不堪設想。」一看可能惹出外交麻煩，中央被震怒了，立即下令將蔡乃煌革職，並命令兩江總督、江蘇巡撫等會同蔡乃煌，必須在兩個月內將所有經手款項繳清。

巨額公款提取後，源豐潤終於轟然而倒，餘波殃及全國。清政府無奈，又只好出面救市：一方面從大清銀行緊急調款一百萬兩到上海，另一方面再由政府出面擔保，從匯豐銀行借款兩百萬兩，給各錢莊應對危機。張人駿、程德全等高官，也奉旨親臨上海「災區」現場辦公。

一邊是體制層面的「放火」，一邊是技術層面的「救火」，大清國在不斷的自我折騰中，迅速地消耗著殘存的能量。此時，辛亥革命的曙光，已經隱隱出現在天際……

停滯的帝國：清朝GDP占世界總額1/3

李恩柱

後人在尋找清王朝滅亡的原因時，說得最多的自然是那個王朝盲目自大、閉關鎖國等等。無疑，這是正確無比的。問題是，自大、鎖國之類也要講資格，不是誰想自大就能自大，誰願鎖國便可以鎖國。比如夜郎國自大，至今遭人恥笑。清朝自傲、自大是有其基礎的。

空前繁榮的經濟使人自大

滿族人在周朝時以「繁矢石弩」向中原王朝納貢，那時並不自大，入主中原以後好長一段時間也沒有後來的所謂自大。滋生自大的情緒，是在清王朝徹底鞏固了政權，尤其出現了所謂的「盛世」景象之後。這種自得情緒，在我們歷史上不知被重複過多少次，並不是只有清朝如此。前秦的苻堅，攻城掠地，功勳累累，統一了北方。自此以後，他頗為驕傲自得。當然，他的結局並不好，不僅身敗名裂，死於非命，也毀棄了前秦的大好江山。

自信、自得、自傲、自大本身，界限並不是特別分明，有時是可以互相轉化的，以不同的社會背景色彩浸潤出它們相應的相異色調。滿族作為一個軍人數量、社會人口和疆域遠遠不及明朝，並且政治經濟文化都談不上發達的少數民族，打敗不可一世的漢族統治者，建立王朝並且坐得穩穩當當，還出現了「盛世」，自大一下也是常情。

我們通過指北針一事，也許可以猜測出康熙對中國南方的真實情感。康熙認為，人們之所以稱羅盤之類的定向儀器為「指南針」而不稱「指北針」，是「在北方，一切活動在凋萎，在衰亡」，「力量、精氣和繁榮都在南方」（佩雷菲特：《停滯的帝國》）。這些話，說明康熙對自己的皇朝是很自負的。

《康乾盛世歷史報告》有幾個資料，可以幫助我們理解清朝統治者為什麼自大得蔑視一切。一直到乾隆辭世的十八世紀末，中國在世界製造業總產量所占的份額仍超過整個歐洲五個百分點，大約相當英國的八倍，俄國的六倍，日本的九倍。那時美國剛剛建國，不其可比性。中國GDP在世界總份額中占到將近1/3，這相當了得。

今日的美國，以老大自居，它在世界GDP中所占份額不過三十%。德國人貢德·弗蘭克說，直到十九世紀之前，「作為中央之國的中國，不僅是東亞納貢貿易體系的中心，而且在整個世界經濟中即使不是中心，也占據支配地位」。這個成績是驕人的，足可以振奮人心。

憂患意識的缺失導致閉關

任何一個有些成就，且又缺乏憂患意識的人，沒有幾個是清醒的。即使表面平靜，胸中也難免激情湧動，自負自得，把別人看得愚蠢。國家亦如是，不僅僅一個清朝如此。明朝不僅嫌利瑪竇繪製的《輿地全圖》使中國不居於世界中央，而且覺得把中國畫得太小；清朝乾隆年間修的《清朝文獻通考》認為「中土居大地之中，瀛海四環」。一個統治者是漢族人，一個統治者是少數民族，血統有異，精神卻驚人地相同，骨子裡都擺脫不了點滴繁榮帶來的自大。

不獨中國人如此，英國取得一七五六年到一七六三年間的七年戰爭的勝利後，把有國境的海洋世界作為自己要征服的目標。戈德史密斯曾用這樣的詩句歌頌他的同胞：

桀驁不馴的目光，舉止高傲，
我眼前走過了人類的統治者。

也就是說，英國人同樣自傲——但他們不封閉，一直關注外部世界，也一直尋找機會拓展新的空間。

就清朝而言，從繁榮走入閉關是極容易的。說得直白一點，當時的繁榮，本身就是以小農自然經濟為底子，關起門來過日子。清政府的財政收入主要來源是田賦而不是工商業的稅收。比如鴉片戰爭前，清政府的歲入總額為四千八百五十萬蘆，其中田賦一項為三千萬蘆，占總收入的六十三％；關稅為四百五十萬蘆，只占總收入的九％，在整個財政收入中處於微不足道的位置。因此清王朝認為「天朝物產豐盈，無所不有」。

馬戛爾尼在《英使謁見乾隆紀實》日記中說，中國人「一切思想概念都出不去本國的範圍……他們的書上很少提到亞洲以外的地區」。實際而言，這是小農經濟鑄造的思想。

愚昧無知的驕傲最終導致喪國

世人常云：中國是一個具有悠久歷史和燦爛文化的大國，工農業和文化都曾居於世界的前列，封建統治者形成了以「天朝」自居的狂妄驕傲心理，加上小農自然經濟因素，必然對外界事物愚昧無知。但是，封建自然經濟不是從清朝開始的，為什麼以前中國能與國外頻繁交往，清政府卻不行？這不能不提到統治者對繁榮和封閉的變態理解。正是這種變態，使繁榮在缺乏憂患意識心態監控下散漫地發展。

「繁榮」，如果缺乏了憂患意識的提醒，極容易走入閉關鎖國。我們以平民之心揣測那時統治者之意，「閉關」絕不是為了失去繁榮，而恰恰是為了永保繁榮，為了長治久安。

一般而言，窮困潦倒可以導致閉關鎖國，因為切斷和外界的聯繫之後，人們就要閉目塞聽，「不知有漢」，不知道別人過怎樣的日子，甚至會以為他人比自己還慘——於是人們安分守己，以手加額；繁榮富庶同樣可以與閉關為伍，用金鐘罩罩住一切，外來的撼動就無計可施，現有的一切就可以守住。沒有正確憂患意識統率的「繁榮」可以導致自大，自大可以導致閉關，閉關可以導致愚昧，愚昧又進一步導致閉關。最後如雞生蛋蛋又生雞一樣，攪在一處，成了一筆糊塗帳，弄不清楚了。

不過，清朝統治者也具有憂患意識，閉關鎖國就是出於對自己統治權力的捍衛，就是出於對殖民主義勢力的防禦。然而這個憂患意識是幼稚的、破損的、病態的。他們使用的這種自衛，只能孤立自己，把中華民族隔絕在世界大勢之外，會使我們自己根本不了解世界，誤以為只有自己在前進在發展，不知道別人也在發展，落後了還不自知，別人打上門來才大驚失色。

發人深思：明清兩場對日戰爭為何一勝一負

大腳怪

十六世紀末和十九世紀末，在中國東部海域和朝鮮半島，曾經爆發了兩場極為相似的戰爭：明朝抗日援朝戰爭和中日甲午戰爭。然而，兩場戰爭的結果大相徑庭，也造成了截然相反的歷史後果。什麼原因使然呢？我們從中可以得到什麼樣的經驗教訓呢？

清朝末年的中日甲午戰爭是一場恥辱的戰爭，這場戰爭對此後數十年間中日關係和東亞政治軍事格局有深遠影響。今天關於甲午戰爭的主要評論，把戰爭失敗的主要原因都歸結到滿清的腐敗和與日本裝備的差距上，似乎在開戰以前滿清的失敗就已經成為了必然。

在這場戰爭的三百年前也發生了一場戰爭，那就是明朝抗倭援朝戰爭。兩次戰爭有著諸多相似之處：發生在同一個地點，面對的是同一個對手日本，戰爭性質同樣是抗擊日本侵略的戰爭。

然而，滿清甲午中日戰爭完敗，明朝卻成功地將倭寇驅逐出朝鮮半島，使日本之後兩百年中乖乖地蜷縮在自己的國土中，不敢越雷池一步。不同的結局發人深思……

日本兩次侵略時的國力與軍力

一五九二年日本侵朝軍隊的軍力與一八九三年日本軍隊的軍力相比，有許多相同點和不同點，然而其軍事實力在國際上的地位是相當不同的。

一五九二年時期的日本剛剛完成了國內的統一。日本統帥豐臣秀吉一直很注重軍國主義教育，從執掌大權開始，就將滅亡明朝定為國策，並制定了十年三步走的計畫：第一步，三年之內滅亡朝鮮；第二步，五年之內滅亡明朝，遷都北京；第三步，進軍安南等國，滅亡印度支那，稱霸世界。

今天很多學者都嘲笑此計畫的瘋狂弱智。但從當時的日本軍力看，他做出這樣的決定還是有一定理由的。當時國家完成統一，其政權蒸蒸日上，軍隊總數有三十萬人，且長年參加日本內戰，作戰經驗豐富，戰鬥力強大，可謂是虎狼之師。從陸軍看，日本陸軍裝備齊全，特別是高度重視火器發展，長年從葡萄牙等殖民者處購買火器，其火器的先進程度甚至高過了明朝。

根據日本史料記載，侵朝戰爭前日本裝備火器的部隊高達六萬人，占軍隊總數的近1/5。而日本士兵在豐臣秀吉軍國主義思想的鼓動下，士氣空前高昂。日本的騎兵部隊也相當強大，部隊裝備重甲，防禦能力強。其軍官也都是日本內戰的餘生，作戰經驗相當豐富。從海軍上看，日本擁有各種類型的戰船多達一千艘，其炮艦仿製葡萄牙戰船，載炮多，火力強大，衝擊力迅速。

從當時的世界看，日本這樣的軍事實力也是令人瞠目結舌的。當時的歐洲還是小國林立，葡萄牙、西班牙、荷蘭等國家雖然可以在東南亞地區耀武揚威，但其舉國兵力也不過四五萬人，奧斯曼土耳其帝國雄踞中東，可其全國軍力也就二十萬人左右，而同時期英國與西班牙進行的「無敵艦隊」與「英帝國艦隊」的大海戰，兩國動用船隻的總數還不及日本發動侵朝戰爭時動用的船隻數量多，規模和火力遠小於中日露粱海戰。因此，說當時的日本是世界軍事強國，恐怕一點也不過分。

何況，明朝參戰前，日本已占領了朝鮮北部大多數戰略要地，地利優勢明顯。明朝若要進攻日本，就必須要進行慘烈的攻堅戰，而這一點，恰恰是日本火器的長處。日本侵朝戰爭開始前，明朝軍隊的最高統帥兵部尚書石星，卻力主議和，其擔憂的正是日本軍隊強大的戰鬥力。

而甲午戰爭中的日本卻不可同日而語了。當時的日本經過「明治維新」，軍事實力已大大增強，但與同時代的歐美國家相比，仍然有很大的差距。甲午戰爭前日本可動用的軍力海陸相加不過八萬多人。

日本海軍雖然經過長年苦心經營，但是其艦隊實力遠不及英美，甚至與北洋水師相比也不占優勢。甲午戰爭前，日本集中全國之力組建日本聯合艦隊，其船隻總數也只有二十五艘，與北洋水師的船隻數量勉強持平。而日本聯合艦隊軍艦多為中小型軍艦，只有四艘戰艦可以在噸位上與北洋水師主力艦噸位持平，卻遠低於北洋水師定遠、濟遠兩大重型鐵甲艦。

在沒有導彈和飛機的大艦巨炮時代，艦隊噸位是決定勝敗的關鍵要素。何況，滿清當時除北洋艦隊外，尚有南洋等艦隊，若舉全國海軍之力投入甲午戰爭，那在艦隊數量和噸位上都可對日本形成絕對優勢。在陸軍方面，清朝僅淮軍在遼東山東一帶就有七萬多人。加上朝鮮當時是站在清朝一方，尚有數萬兵力可用。而日本當時陸軍的基本裝備與清朝是相差不多的。何況日本國內二十年沒有戰爭，日軍的實戰經驗也比較匱乏。日軍的指揮官多為留洋歸來的留學生，並無實戰經驗，純粹是沒打過什麼仗的「和平兵」。

明清當時的國力與軍力對比

十六世紀末的明朝正處於萬曆皇帝統治時期，其政權已經走向腐敗和衰落，從軍隊方面看，明朝雖然有兩百萬軍隊，堪稱世界第一，但軍隊缺編情況嚴重。土地兼併嚴重，大量軍隊土地被官員侵占，士兵淪為流民。

明朝中期對倭寇和蒙古的失敗已體現了明朝軍隊軟弱的戰鬥力。張居正當政時，曾用明軍與蒙古軍100：1來形容明朝軍隊的戰鬥力。後來雖戚繼光主持軍事改革，但改革的對象也只是遼東和北京周邊的明軍，後來戚繼光遭到罷免，他的許多軍事主張也就被廢除了。

明朝重文輕武，更用文官擔任總指揮並有太監監軍，因此嚴重地限制了部隊的指揮能力和戰鬥力。明朝政權內部自張居正死後一直派系林立，朋黨之爭不斷，朝廷內部的爭鬥波及軍方，更使得明軍將領裡各自為政，內部矛盾嚴重。

從裝備上看，儘管明軍沿襲永樂皇帝定下的「二分習火器，三分習刀矛，五分習弓箭」的比例，火器部隊配備高達1/5。但明朝對火器非常輕視，訓練時缺乏操練，大批精良火器封存在倉庫中早已生鏽。而且明朝對火器裝備不思改進，大批裝備早已經落伍。明軍中最精銳的當屬戚繼光留下的薊門軍和李成梁的遼東軍。對日作戰也基本以這兩支軍隊為主。但兩支軍隊總數不過二三十萬，與日軍數量基本持平，且兩軍中多數精銳還要留下拱衛京城，不可能盡數投入朝鮮。

在海軍方面，明朝的情況更為慘澹。鄭和下西洋之後，明朝對海軍的建設一直輕視，甚至對倭寇的海盜船也無可奈何。後來戚繼光提出禦敵於海上的防禦政策，但隨著倭患的平息，對海軍的建設也就終止了。

因此，當時的明朝，雖然在軍隊數量上要多於日本，但能戰之兵極其匱乏，戰鬥力與作戰經驗與日本相比差距很大。明朝參戰時，日本已占領朝鮮大部分地區，地理優勢明顯，大批明朝軍隊暴露在日本精良火器下，明軍作戰環境之險惡可想而知。

而十九世紀後期的清朝雖然已經處於末期，但從其軍事實力看，依然是相當強大，至少是不弱於日本的。三十多年的洋務運動更新了部隊的裝備，戰鬥力也大大加強。左宗棠平定新疆，清軍所顯示的強大戰鬥力，使沙皇俄國都大為震驚，最終不得不改訂《中俄伊犁條約》。

與明朝相比，清軍內部同樣腐敗嚴重，但仍然有相當強的戰鬥力。清朝參加甲午戰爭的軍隊主要以李鴻章的淮軍為主。淮軍相當於李鴻章的私家軍，軍隊內部還算是團結的。而且，清朝沒有太監監軍制度，有利於前線將領發揮自己的指揮能力，在這一點上也是強於明軍的。

從指揮官上看，駐守朝鮮的清軍將領，多是經過中法戰爭和太平天國戰爭的錘鍊，實戰經驗相當豐富。朝鮮北部山川林立，地形險要，在軍隊數量相差不多的情況下，清朝占有著絕對的優勢。

在軍隊人數上，清朝舉國擁有優勢，洋務運動所組建的新軍有數十萬，裝備精良，訓練有素。若盡數投入朝鮮，對付日本將占絕對優勢。在海軍方面，北洋水師可稱世界先進水準。北洋水師定遠艦所擁有的兩門巨型榴彈炮，當時歐洲也不過是十多門，日本更是沒有。何況，清朝還擁有一支與北洋水師同等規模的艦隊，若與日本一樣合併一處組成聯合艦隊，對付日本海軍也占絕對優勢。開戰時，清軍尚且占領著平壤等大城市以及朝鮮北方戰略要地，地理優勢明顯。雖然後來日本掌握著制海權，清軍依然擁有遼東大後方。從這些方面看，日軍基本是沒有什麼勝算的。

戰鬥過程和結果比較

西元一八九四年七月二十五日，日本發動豐島海戰，襲擊中國運兵船，對清朝不宣而戰，甲午戰爭爆發。在歷時九個月的鏖戰裡，日本先取平壤，再下開城。幾乎全殲駐朝清軍，以閃電般的速度向鴨綠江突進。同時，日本聯合艦隊於九月發動黃海大戰，重創北洋水師，擊毀北洋水師主力艦六艘，徹底掌握制海權。使北洋水師自此蜷縮劉公島，無力進行遠洋作戰。之後，日本於一八九四年冬突破鴨綠江防線，占領大連旅順，其第一集團軍在海軍的掩護下，在山東登陸，占領威海炮台，包圍北洋水師，終使北洋水師全軍覆沒。

光緒二十年（1895年）三月，日本頂住清朝最後發動的海城反擊戰，並乘勢攻克營口，清朝軍隊潰敗。至此，甲午戰爭以日本完勝而告結束。中國損失軍力六萬人，最精銳的淮軍和北洋水師幾乎全軍覆沒。丟失整個朝鮮和大連、旅順、營口等重要戰略城市，清朝簽訂喪權辱國的《馬關條約》，賠償白銀一億五千萬兩，並割讓台灣。日本將清朝的賠款全部用於軍事工業發展中，軍事力量迅速膨脹，一躍成為世界軍事強國。

而明朝抗倭援朝戰爭則歷時七年，其中主和主戰大臣反覆爭鬥，以致拖累前線，使原本形勢大好的戰爭幾經曲折。然而就是在內政腐敗的情況下，明朝最終還是贏得了戰爭。

萬曆二十年（1592年）四月，日本對朝鮮不宣而戰，以閃電戰的方式迅速占領朝鮮全境。經過明朝內部的幾番爭論，朝鮮淪陷三個月後，明軍才姍姍入朝，卻只是祖承訓的一支小部隊，結果被日軍殺得全軍覆沒。

為維護顏面，明朝才下決心一戰。認真起來的明朝很快打出了國威。四萬遼東軍入朝後，以迅雷不及掩耳之勢發動了平壤會戰，在日本增援部隊趕到前一舉攻克平壤，消滅日軍一．五萬人。之後，明軍經過浴血奮戰，將戰線穩定在釜山一線。而同時明朝發動的龍山會戰徹底摧毀了日本的糧食基地，使日本侵朝的幾十萬大軍陷入了危急之中，迫使日本遣使求和。之後明軍撤離朝鮮，雙方開始了漫長的談判。

在歷時四年的談判中，日本以拖延手段，贏得了重新準備戰爭的時間，於一五九六年九月再次對朝鮮不宣而戰。毫無準備的朝鮮被殺得大敗，大半國土再次淪陷。後來明朝派遣六萬中央軍入朝，明軍發動反擊，贏得漢江保衛戰勝利。隨後轉守為攻，相繼收復朝鮮南部主要城市，將日軍壓迫在沿海幾大堡壘中分割包圍。

至此日本敗局已定；豐臣秀吉氣急身亡。日軍聞訊集結水師倉皇撤退，被明朝水師在露梁海域伏擊。展開了十六世紀全世界最大規模的海戰。經過一天的喋血廝殺，中國水師以損失戰船一百多艘的代價，贏得了擊沉日本戰船四百五十艘的輝煌勝利。至此，日本侵略軍已全軍覆沒，抗倭援朝戰爭以中國的完勝而告終。

比較兩次戰爭的過程，我們可以發現如下的共同點：

⑴日軍都是不宣而戰，並且在戰役的前期掌握了主動權。明朝抗倭援朝戰爭時，日本水師第一戰就徹底摧毀朝鮮水師，僅用一個月時間就占領朝鮮大部。甲午戰爭時日本在豐島打擊中國運兵船，並迅速登陸朝鮮本土。在兩次戰爭的開始階段，中國都是處於不利局面。

⑵兩次戰爭開始前，在是戰是和的問題上，中國方面都是搖擺不定。明朝兵部尚書石星始終反對開戰，甲午戰爭時西太后和李鴻章也曾嚴令「釁不可自我開」。兩場戰爭，中國都是倉促參戰，在各方面的準備上尚未就緒，武器裝備嚴重不足。

⑶戰爭中，無論明軍還是清軍，其作戰勇猛都是可歌可泣的。甲午戰爭的平壤保衛戰，打得日本屍橫遍野，日本雖占領平壤，卻付出了慘重代價。黃海大戰鄧世昌壯烈殉國，後來兵困劉公島，水師提督丁汝昌一直戰到彈盡糧絕，最終服毒自盡，至死未投降。而聶士成陸軍的鴨綠江阻擊戰和海城反擊戰。更是打得悲壯慘烈，屍山血河。旅順戰役寸土必爭，倭寇惱羞成怒以屠城洩憤。相比之下，明軍的表現也毫不遜色，龍山戰役中三百敢死隊員迂迴穿插，在日軍背後發起進攻，戰役勝利結束後敢死隊僅剩四人。最後的露梁大海戰，明朝水師副都督鄧子龍以身殉國。儘管兩次戰爭的成敗不同，但是前線的將士都是應該得到尊重的，他們打出了中華民族的國威軍威。作為為國犧牲的英雄，他們將永遠被我們緬懷紀念。

⑷戰爭中日本都是傾國之力，精銳盡出。大有決一死戰的氣概，將日本的國運賭在戰爭上。作戰也基本是亡命徒式的打法。

勝敗的原因

同樣一個對手，同樣是在國力和軍力強於對手的情況下，同樣擁有廣闊的中國大後方，同樣是將士們浴血奮戰，同樣是面對日本亡命徒式的打法，為什麼明朝可以勝利，而清朝卻會失敗？

兩個朝代都已經到了末期，內部都已腐敗不堪。世人把清朝的失敗歸結到政治的腐敗和日本軍事實力的強大，這種看法未免膚淺。事實上，我們完全有能力贏得甲午戰爭。就讓我們看一下戰爭中明清雙方的幾個鮮明對比吧。

⑴戰爭打響後，明朝內部雖然戰和之爭不斷，但一向昏庸的萬曆皇帝這次的抗戰決心異常堅定。祖承訓全軍覆沒，萬曆皇帝勇敢地承擔責任，並未責罰相關將領，更未向日本退讓半步，而是堅決地派遣遼東軍主力入朝參戰，很快扭轉了被動局面。反觀清軍，在是戰是和問題上，慈禧太后始終左右搖擺，首先在日本進兵朝鮮的情況下並未做出決策，坐失戰機，接著在戰爭爆發後也沒有宣布明確作戰目的，這使前線將領幾乎不知所措，兵力部署和調度情況更加混亂，導致清軍迅速崩潰。

⑵明軍指揮相當統一，水陸配合默契，面對瘋狂攻擊，明軍以攻為守，迅速掌握戰爭

的主動權。而清軍雖然奮勇殺敵，卻是各自為戰，相互間沒有協調配合。海戰中，更是放棄了地理優勢和海陸防禦配合，禁止北洋水師援救威海炮台，最終使得自己被團團包圍，困死劉公島。在整個甲午戰爭裡，清朝的指揮系統幾乎失效，整個戰爭中都在處處挨打。

⑶戰爭開始後，明朝迅速著手搶奪制海權，舉全國之力調集水師雲集朝鮮。很快形成了對日本艦隊的絕對優勢。而清朝卻極為保守，只想如何保全北洋水師，卻不想如何殲滅日本艦隊。其實，當時以清朝海軍的實力，若集中南北洋艦隊，定可在遠洋置日本於死地。可惜，戰爭的最終結果卻是清朝輸掉了最後的家底。

兩次戰爭中，日本的戰術都是一樣的，即先搶奪制海權和朝鮮，再直插遼東半島和山東半島，迫使中國投降，達到戰略目的。其實這種戰術帶有極大的賭博性。倘若在一處遭到對手的牽制，就將滿盤皆輸。

日本國土狹小，補給有限，不可能與中國拚消耗。明朝與清朝戰爭初期都有戰敗，但明朝是以阻擊戰，消耗日軍有生力量和延緩其攻擊步伐，清朝則是潰敗。事實上，戰爭的結果從開戰時的態勢就已經註定了。

對照兩次戰爭的異同，可以總結出如下觀點：

⑴中日戰爭，中國擁有著先天的優勢，即豐厚的人力和資源以及廣闊的大後方。中日開戰，即使日本可以暫時取得優勢，但如戰事進展緩慢，其國力也必然被拖垮。明朝抗倭戰爭持續七年，日本幾乎被打到崩潰邊緣，戰爭結束不久即爆發內亂，一蹶不振。所以中

國歷來對日作戰的方針都必須打持久戰。但是滿清卻不明白，慈禧原本期望速勝，在自己六十大壽前贏得戰爭，結果卻是迅速崩潰。而後並沒有意識到自己的戰鬥潛力，急忙結束了戰爭，以致喪權辱國。

⑵中日交戰，朝鮮為重要戰略要地。失去了朝鮮，日本的陸軍就有了廣闊的空間；朝鮮豐厚的資源和生產能力也能為其支持戰爭。清朝丟失朝鮮後，既而丟失遼東大部分地區。明朝守住朝鮮，最終贏得了戰爭。

⑶對日作戰，絕對不是一場局部戰爭。日本每次對華作戰，其戰爭機器都是瘋狂開動。中國必須要做出打全面戰爭的準備，才可贏得最後的勝利。事實上，以中國的國力和基礎，若傾舉國之力，其效率必定十倍於日本。明朝水師原本弱於日本，但一經運轉，馬上取得優勢。清政府一味小心翼翼，僅靠淮軍和北洋水師片面抗戰，最終導致了戰爭的失敗。

⑷作為統治者，必須要有戰鬥到底的決心，戰爭決策一旦做出，必須厲行。萬曆皇帝堅持抗戰，而清朝內部始終沒有統一思想，慈禧太后更加搖擺不定，使得指揮系統嚴重混亂，幾乎使軍隊成了瞎子。

⑸日本軍隊攻擊迅速，衝擊力量強，但也有其明顯的弱點，即持續戰爭能力差。對付日本這種敵人必須進行積極防禦的作戰方法，切不可消極保守，否則，就會重演北洋水師全軍覆沒的下場。

回眸「闖關東」：追溯中國歷史上的人口大遷移

孫萍

電視劇《闖關東》，用藝術的形式再現了發生在近代中國東北大地上的一段厚重而悲壯的傳奇移民史。這不僅吸引了觀眾的眼球，更引發了人們對這一大規模移民現象，以及中華民族在歷史長河中數次人口大遷移的關注。那麼，歷史上「闖關東」是怎樣形成的？究竟是哪些人在「闖關東」？曾有多少山東人遠離家鄉，到那白山黑水間墾荒、淘金、挖參？路途遙遠，山東人又是如何完成那條艱難之旅？中國歷史上究竟發生了多少次人口大遷移？

在中華民族的歷史上，黃河故道中下游地區是古代文明的發祥地，也是古代中國人口分布的重心所在。直至秦漢之際，此地區的人口在全國總人口的比重大體保持在八十％左右。西漢末年長達數十年的社會動亂，致「人相食，城郭皆空，白骨蔽野」，黃河流域人口更是受到嚴重損失。逃避戰亂而背井離鄉的人們，飽嘗流離失所的逃亡之苦，「寧做太平犬，莫做亂離人」便是他們從心底發出的感嘆。

此後，每次王朝更替、戰亂和重大自然災害發生時幾乎都會出現中國古代的移民現象。他們成群結隊，整個家族，整個村子，甚至整個地區大量外遷。幾次有名的大規模移民現象都形成了一種特定的文化符號，如「闖關東」、「湖廣填四川」、「洪洞大槐樹」、「下南洋」、「走西口」，其形成都有深刻的歷史背景和原因。

「闖關東」不僅是中國歷史上，也是世界歷史上持續時間最長的移民史，自順治八年（1651年）至一九四九年的兩百九十九年間，約有三千萬人湧入茫茫關東大地，其中山東人是主體。

「闖關東」背景

山海關城東門，一關之隔界定著關外和中原大地。廣義的「闖關東」是指有史以來山海關以內地區的人民出關謀生。

關東，具體指吉林、遼寧、黑龍江三省。因東三省位於山海關以東，故得名。舊中國，山東人口稠密，災害頻發；關東則地廣人稀，沃野千里，史書說：「有自然之大利三，曰荒，曰礦，曰鹽。」歷史上兩地有緊密的地緣人緣聯繫，逃荒農民闖關東成為主流。「闖關東」的形成有著深刻的歷史背景。

一六四四年清兵入關後，滿族人口幾乎全部從東北遷入關內，原來漢人相對集中的遼東也變得人口稀少。直到順治十八年（1661年），遼東一帶還是「有土無人」，「自瀋陽至卜奎（今齊齊哈爾），中間數百里無居民」。為了限制蒙古人內遷和漢民外遷，劃分游牧地和農業區，清朝於順治年間沿明朝遼東邊牆舊址築了約九百里長的「柳條邊」，康熙年間又加築了新邊牆。邊牆設二十座邊門，每門常駐數十名官兵，稽查出入，禁止邊內居民越過籬笆打獵，採人參，放牧。

由於關東長白山地區盛產人參，從事採參與販運獲利豐厚，關內人出關買賣人參的人日漸增加。順治十一年（1654年）規定，凡出入山海關者都須憑印票，禁止挾帶人參入關，而對「柳條邊」之內墾殖依然允許。但至康熙七年（1668年），關外之地也被列為封禁範圍。康熙十六年（1677年），清政府派大臣探求鴨綠江源頭，尋訪長白山清朝發祥聖地。根據大臣的回報，康熙帝認為長白山與清朝的龍脈相連，因而將長白山周圍地區都列為封禁範圍。

儘管有封禁的規定，但遇有災害，關內百姓往往強闖或偷渡出關。一方面由於「柳條邊」長逾千里，常駐官兵人數有限，難以阻攔。另一方面，為減少關內災民的壓力，清政府不止一次變通規定，允許災民出關，或者採取默許態度。但在多數情況下，出關是被禁止的、非法的，因此只能「闖」。

「闖關東」的另一層意思，是遷往關外前途未卜，風險很大。關東氣候寒冷，人煙稀少，大多數地方還是無人區，能挖到人參，採到東珠，獲得豐收固然能發財致富，也可能歷盡千辛萬苦卻一無所獲，甚至凍餒而死。加上沒有設立行政機構，得不到保護和救援，盜匪橫行，所以隨時都有危險。闖出關的人可能得以維持溫飽，就此安頓，再接來家屬。也可能占上大片土地山林，或者帶上白花花的銀子衣錦榮歸，來年帶更多鄉親「闖關東」。但同樣可能當了「鬍子」，或者淪為奴僕，甚至客死異鄉。但由於內地特別是山東，早已人滿為患，農民無地可耕，加上天災人禍頻繁，官府地主壓榨，窮人流民只能以「闖關東」為唯一出路。

近代歷史上，魯、豫、冀、晉、陝五省流民，大多經過山海關往東北走，去「闖關東」。「闖關東」的路線分為陸路和海路兩條路。陸路是從山海關、喜峰口、古北口等長城各關口出關，進入遼沈地區。海路則由山東半島或福建沿海乘船到達遼東半島。前者為「闖關」，後者為「偷渡」。

實際上，「闖關東」只是指清代以來向東北移民的一個階段性的代名詞，並不是東北移民史的全部。歷史上，東北大地至少曾出現過五次較大的移民潮：清初移民、清末禦俄、關內逃荒遷徙、日本侵略者殖民移民、新中國成立後支援東北建設移民。

清政府的移民政策

真正意義上的「闖關東」是從清朝順治八年（1651年）開始的；很多族譜把「闖關東」的年份定在了這一年。

順治元年（1644年）八月二十日，清世祖愛新覺羅．福臨從盛京（今遼寧瀋陽）起駕，遷都北京。遼沈地區人口大多「從龍入關」，留住東北地區的人口約四十萬人。東北地區土地肥沃，地廣人稀，如果移民開墾，將成為一個重要的財源。就是在這種形勢下，順治八年清廷下令：「令民願出關墾地者，山海道造冊報部，分地居住。」（乾隆官修順治十年（1653年）九月十七日，滿漢九卿官員將他們議定招民開墾的方案上報：「今將遼東為省，先以遼陽城為府，設知府一員、知縣二員，招募人民前去收養開墾。若招民一百名者，文授知縣，武授守備。百名以下六十名以上者，文授州同、州判，武授千總。五十名以下者，文授縣丞、主簿，武授百總。」（金毓黻《靜晤室日記》卷一五二）招募者將所招人數、籍貫、姓名，具冊上報戶部，戶部核准之後，由招募者帶領出山海關，赴遼東知府、知縣處交接。

從遺存至今的文獻資料來看，浙江義烏人陳達德是第一個招募百姓到遼東墾荒之人。順治十一年，他招徠民戶一百四十家，被授予遼陽知縣。順治十一年（1654年）六月，清世祖愛新覺羅．福臨又頒布了一道命令，允許個體百姓自行赴遼東墾荒。從順治十一年六月起，有組織地移民與個體自行移民遼東，二者並行。

為了鼓勵百姓開墾荒地，清政府規定新開墾的土地三年起課。康熙十一年（1672年）又改為十年起課。康熙十五年（1676年）恢復三年起課舊制。康熙十八年（1679年）又定為六年起課。遼東一帶肥沃的土地，優厚的起課年限，吸引大批貧苦百姓移民遼東。大批百姓擁入，必然危及滿族「龍興之地」自然環境。為了保護滿族的「龍興之地」，從順治十一年開始修建「柳條邊」。「邊外」劃為禁區，不准移民越雷池一步。但是，這條邊牆未能完全阻擋移民的步伐。如嘉慶八年（1803年）十一月十一日，山海關副都統來儀上奏：自十月初一至十一月初九，在四十天內，出關的山東人、直隸人、山西人多達八千兩百一十八人，平均每天兩百零五人。這些都是合法出關的，從海上偷渡者，則不知有幾。

從嘉慶年間（1796年至1820年）起，陸續放墾「邊外」土地，到光緒三十三年（1907年），最後一片「邊外」土地放墾，兩百多年的封禁至此結束。進入民國以後「闖關東」進入高峰期。

到底哪些人在「闖關東」

「闖關東」的多是流民，大多是來自山東、河北、河南、山西、陝西等省的受災民人，也有福建、浙江一帶的流民。在「闖關東」的人群中，山東人最多。一份統計資料顯示，民國十八年（1929年），關內各地「闖關東」人數列前三位的分別是山東、河北、河南。一般認為，「闖關東」的人口在三千萬左右。在「闖關東」的人群中，山東人占八十%左右，是「闖關東」的主體。例如，《申報》光緒二年（1876年）八月二十四日報導：

茲據牛莊來信云：山東避荒之人，至此地者紛至遝來，日難數計。前有一日，山東海船進遼河者竟有三十七號之多，每船皆有難民二百餘人，是一日之至牛莊者已有八千餘名，其餘之至他處碼頭者尚屬日日源源不絕。

牛莊，即今遼寧海城西二十公里處的牛莊，當時為一河港。這則報導從一個側面反映了「闖關東」中山東人之多。據不完全統計，一九四九年以前，山東各地「闖關東」的比例一般占山東總人口的五%左右。自清迄民國，「闖關東」的山東人達兩千五百萬人。高峰時節，一年便有上百萬人。

「闖關東」的山東人是開墾東北的主力軍，他們在白山黑水間「放山」、淘金、墾荒。挖人參，俗稱「放山」，也叫「走山」。

民間傳說，「闖關東」中的第一個放山人是山東萊陽人孫良。他原是個窮苦的長工，聽說長白山有種名叫「棒槌」的植物，比金子還貴重，便與同鄉張祿跋山涉水到了長白山，翻山越嶺去挖人參。倆人幹了三年，挖了不少人參，商定再分頭幹三天，然後打點行裝回山東老家去。誰知，張祿一去，再也未歸。孫良急了，到處尋找，找了七天七夜也沒找到。乾糧早吃光了，他又累又餓，昏倒在?蛄河旁邊。不知過了多久，他醒了過來，捧了幾口河水喝了，看見水底有只蝲蛄，抓來活嚼生吞了。身上有了點力氣，他抓起一塊尖石，在一塊大石頭上刻畫著：

家住萊陽本姓孫，漂洋過海來挖參。
路上丟了親兄弟，沿著古河往上尋。
三天吃了個蝲蛄，不找到兄弟不甘心！

寫完，便昏死過去，再也沒有醒來。在今吉林省通化市快大茂鎮西，滔滔遠去的蝲蛄河北岸，有一座墳，就是孫良的。後來的放山人尊奉他為「老把頭」，即開山祖。金幫的開山祖是山東人孫繼高，金幫稱之為「把頭始祖」。不僅金幫的開山祖是山東人，金幫亦多為山東人。在淘金的山東人中，最著名的是夾皮溝金礦的韓憲宗。

為什麼山東人不畏艱險「闖關東」

歷史上，山東曾是富庶之地。戰國時的蘇秦，漢武帝時代的司馬遷、主父偃皆曾讚嘆齊地之富。而入東漢以後，每況愈下，山東逐漸衰落了。諺云：「死逼梁山下關東。」一方面，這是由山東人「種地為上」思維定式所造成的。

山東人曾經重農賤商，他們把淳樸的農家生活看做無與倫比的，把種地視為最高尚、最正經的謀生方法。山東民間有諺云：「千行百行，種地才是本行」，「三十六行，種地為上」。耕而食與賈而食，不是謀生方式的差異，而是道德上的善與惡、美與醜之分。在這種觀念的影響下，那些慣於土裡刨食而又被拋出土地的破產農民舉目四望，只有兩條路可走：一條路是逼上梁山，扯旗造反；一條路是闖入關東，刨口飯吃。而扯旗造反，最終還是為了爭得一塊養家糊口的土地。

山東人「闖關東」除了經濟原因外，與他們的傳統性格也有密切的關係。誠實、尚義、節儉、好客、粗獷、豪放，就是山東人的鮮明特徵。這是山東人「闖關東」的文化素質根源。在天災人禍的逼迫下，粗獷、豪放的性格使得山東人敢於「闖關東」；勤勞、節儉的性格使得他們能夠在東北獲得生存的空間；誠實、尚義、好客的性格使得他們能夠與他人和睦相處，贏得他人的尊敬與信任。

闖關東文化

人是文化、資訊的載體，人的流動實際上就是文化的流動。闖關東作為一場不靠政府動員、不單因為某次具體的戰爭或災難觸發的大規模的人口遷移，是人類移民史上罕見的文化現象。作為遷移主體的是固守熱土難離傳統的山東人。他們迫於生計走上背井離鄉、前途渺茫的遷徙之路，個中的惆悵、悲傷、決絕和困苦非今人所能體會得出。因而，也就先天地賦予了這段歷史以傳奇色彩。

「闖關東」浪潮迭起，意味著中原文化向關東地區大規模挺進，文化交流也進入了一個新階段。如果說「閉關」時代的文化交流表現為中原文化對滿洲固有文化的「侵蝕」，受到「封禁」的人為干擾，那麼，在開放的歷史條件下，中原文化迅速在關東地區擴散，「喧賓奪主」了。「對絕大多數的山東移民來說，東三省無非是山東省的擴大。」

山東村、河北村等在關東的「複製」，實際上就是中原文化的平面移植，加上人數占絕對優勢，他們有充分理由保持齊魯文化或燕趙文化，所謂「聚族而居，其語言風俗一如舊貫」即是。他們可以不必改變自己，削足適履，去適應當地的社會風俗、宗教信仰，使用當地的語言文字等，從某種意義上說，這同樣是文化上的保守主義。

趙中孚（中國人民大學教授，博士生導師）在論及「闖關東」的意義時說過這樣一段話：「社會意義上，東三省基本上是華北農業社會的擴大，二者之間雖有地理距離，但沒有明顯的文化差別。華北與東三省之間，無論在語言、宗教信仰、風俗習慣、家族制度、倫理觀念、經濟行為各方面，都大同小異。最主要的是東三省移墾社會成員，沒有自別於文化母體的意念。」

面對撲面而來的齊魯文化、燕趙文化，關東文化不可能沒有絲毫戒心，也不可能沒有「土客」矛盾產生，如《黑龍江述略》載：「而雇值開墾，則直隸、山東兩省為多。每值冰合之後，奉吉兩省，通衢行人如織，土著頗深惡之，隨事輒相欺凌。」

遼寧安廣縣（今吉林大安市新平安鎮）也是一個例子，《安廣縣鄉土志》記載：「縣屬未經設治以前，蒙古未諳耕種。徙資牧養，一片荒蕪。嗣經漢民來境墾種，公旗得獲租利。然因族類各異，言語不通，情意未能浹洽，蒙古多欺凌之……迨光緒三十年（1904年），奏准委員勘荒，招戶領地。客民聞風而至……蒙古亦漸事稼穡。」

另據調查資料：「在東北山東人很多，十有八九，有的幾輩以前就去了。有時小孩子們玩打仗，生在東北的孩子罵山東剛去的孩子為『山東棒子』。家人出來就揍那罵人的孩子，說：『你爺爺也是山東人。』」

這場歷時近三百年的民族大遷徙至今仍然沒有完全斷裂。浩浩蕩蕩的「闖關東」也被學者們視為中國人自強不息、拚搏奮鬥的民族精神的真實寫照。歷史上，由於山東人是「闖關東」的主體，山東文化也就大大影響了東北文化。東北的文化跟山東的就非常相像。東北人講話基本上也就是山東的口音。可以說，山東有什麼文化特點，特別是底層的文化特點，在東北幾乎都可以找得到。

歷史上人口遷移的幾次高潮

同人口本身的發展一樣，中國人口遷移的歷史雖然悠久，但其演變過程也不是直線漸進的，而是表現出典型的波浪式起伏。當社會比較安定時，其規模就小，也比較平穩；當社會因天災人禍出現動亂時，其規模就會陡然增大，增大的程度幾乎同動亂的大小完全成正比例。此外，人口遷移的規模與各個朝代採取的政策也有關係。受以上因素影響，除「闖關東」外，在中國人口遷移史上大致形成了以下幾次高潮：

秦代和西漢

秦是一個能量很大的皇朝，它統一中國後出於政治和經濟上的需要，組織了一系列大規模的人口遷移，其中有一些在中國的人口遷移史上，是屬於先驅性的，對以後歷代的移民政策影響很大。除政治流放外，其內容主要分兩類。第一類是「實關中」，如始皇二十六年（前221年）「徙天下豪富於咸陽十二萬戶」，目的在於加強統治，把關中發展成為名副其實的國家政治中心；第二類是戍邊和開發新區，其中最著名的有北戍五原、雲中，南戍五嶺，人數均達數十萬人，對長城沿線和華南的開發起了重要作用。

「漢承秦制」，繼續奉行「實關中」和移民戍邊的政策，尤其是對河套地區、河西走廊、青海東部以及新疆中部的大規模屯墾移民，在政治上具有重大意義。

東漢末年和三國時期

這是中國歷史上一個罕見的社會大動亂時期。軍閥混戰，生靈塗炭，促成了大規模的人口遷移。在三國鼎立的形勢確立以前，即各地軍閥大混戰時期，移民均為逃避戰亂的流民，他們由戰亂最烈的黃河中下游地區遷出，大部分向南遷至長江流域。

移民中不少學者、士大夫後來均為吳、蜀二國羅致，其中最著名的有諸葛亮、周瑜、魯肅、張昭等。原籍臨淮（今安徽定遠）的魯肅曾號召部屬：「淮泗間，非遺種之地。吾聞江東沃野千里，民富兵強，可以避害」，是為典型代表；另一部分則向北遷至長城沿線甚至遼東，移民中著名的有管寧。

三國鼎立時期，為壯大己方實力，三方均努力招撫流民，發展屯墾，並儘量從境外招收、劫擄人口，包括少數民族，如曹魏把大批匈奴、烏桓人遷至內地，孫吳派兵至台灣，「得夷州數千人還」。

經過前後近九十年的人口大遷移，中國長江流域和長城一線人口增加，並得到進一步的開發。少數民族的遷入，給中華民族注入了新鮮血液，但在當時也不可避免地會產生民族矛盾，為隨後的兩晉南北朝時期更大規模的人口遷移和社會動亂埋下了伏筆。

兩晉南北朝

這是中國歷史上又一個大分裂、大糜爛、大破壞的時期，遷入北方的各少數民族在其中扮演了重要角色。在長達一兩個世紀的動亂中，黃河流城慘遭蹂躪，從而促發了一次又一次向南方移民的高潮。僅據官方統計，西元三一三年至四五〇年之間北方南渡的人口即達九十萬人，占北方原有戶口的1/7。

事實上，這一統計由於流離混亂之際戶口多有隱匿流失而大大縮小。「自中原喪亂，民離本域，江左造創，豪族併兼，或客寓流離，民籍不立」，「時百姓遭難，流離此境，流民多庇大姓以為客」。這說明移民的實際規模當遠在上述官方統計之上。期內移民的分布仍以長江流域為主，更南的福建兩廣移民也不少，據記載：「晉永嘉二年，中州板蕩，衣冠始入閩者八族，所謂林、黃、陳、鄭、詹、丘、何、胡是也。」一波又一波的移民浪潮，為中國經濟和人口重心自北向南的歷史性轉移奠定了基礎。

「安史之亂」

隋、唐兩朝在政治上能量很大，但在人口遷移上的作為遠不如秦、漢，原因在於人民在此之前經歷了幾個世紀的動亂，飽嘗流離之苦，安土重遷，從心理上對背井離鄉十分反感。此外，秦、漢之官方移民，包括屯墾戍邊，大多未能終善其事，往往利未見而害先行，教訓是很大的。故隋、唐二朝官方組織的人口遷移甚少。直至震撼全國的「安史之亂」爆發，黃河流域再次沉入血海，才觸發了又一次人口南遷的大潮。

據史書記載：「天寶末，安祿山反，天子去蜀，多士南奔，吳為人海」，「天下衣冠士庶，避地東吳，永嘉南遷，未盛於此」。這次人口南遷大潮的餘波，一直持續到唐末和五代十國時期，至此，中國南方的人口規模第一次達到了同北方平分秋色的地步。

「靖康之難」至南宋末年

由金人大規模南侵造成的「靖康之難」以及其後長達一百餘年的宋、金對峙，使中國又遭到一場巨大的社會動亂，由此產生的人口遷移，其規模之大、持續時間之長，均堪與「永嘉喪亂」和「安史之亂」相伯仲，其性質和形式也相似。

據記載，「建炎末，士大夫皆避地……衣冠奔踣於道者相繼」，「西北士大夫遭靖康之難，多挈家寓武陵」，「四方之民雲集二浙，百倍常時」。連南方一些偏僻山區，也接納了不少移民，如廣西容縣「介桂廣間，渡江以來，避地留家者眾」。

北方大批人口的南下，對南方的社會發展起了很大的促進作用。南宋的許多文臣武將亦多來自北方，岳飛、韓世忠、張俊等皆是；平民中南下的著名人物也很多，如李清照、辛棄疾等。

元末明初

中國廣大的中原地區在從「靖康之難」到元末的兩個多世紀中屢遭浩劫，至明初已是「中原草莽，人民稀少」。與人口高度稠密的江南形成鮮明對照。這種極不平衡的人口分布格局，產生了對人口遷移的現實需求，再加上開疆衛邊的需要，使明初出現了人口遷移的一個高潮，但其性質與前幾次因動亂產生的大移民完全不同。

明朝建立後不久即著手組織人口遷移，如「徙江南民十四萬於鳳陽」，「遷山西澤、潞民於河北」，徙「沙漠遺民」屯田北平附近，徙江西農民於雲南湖廣，等等；故史籍稱「太祖時徙民最多」。

明初為了鞏固邊防，在長城一線設立了稱為「九邊」的九個軍鎮，在國內其他戰略要地，也設立了許多駐兵設防的衛，僅洪武朝三十一年設衛即達一百三十六處。為解決邊防軍的糧餉問題，明初組織了大規模的移民屯墾戍邊，「於時，東自遼左，北抵宣大，西至甘肅，南盡滇蜀，極於交趾，中原則大河南北，在興屯矣」。前往雲南屯田的移民多達四五十萬，規模浩大，在政治上、經濟上都收到較好的效果。

清代對台灣的移民

台灣在元代正式列入中國版圖。十七世紀初被荷蘭殖民者侵占後不久，鄭成功即率兵一舉收復。此後鄭成功組織了對台灣的大移民，不長時間內移民數即達二十萬人，在全島總人口中占了大部分。清朝統一台灣後，對移民問題採取了曖昧的態度，即不准移民攜帶家眷，使之難以在台灣生根，目的乃在於防止台灣人口劇增，羽毛豐滿後重蹈鄭成功在台灣抗清的「覆轍」。直至清代中葉，因大陸人口壓力增大，上述政策才有所鬆動，從而引發對台移民的高潮。

一八一一年台灣漢民已逾兩百萬人，比一個半世紀前猛增了六七倍。清代後期，朝廷鑑於國際形勢之險惡，對台灣的戰略意義有所認識，不僅完全解除了對移民的限制，還在廈門、汕頭、香港等地設立「招墾局」，以提供資助和優惠來促進對台灣的移民，為日後的發展在人口上奠定了基礎。

對海外的移民

中國居民移居海外，至少已有三千多年歷史。一般把移居外國或在僑居國出生，仍保留中國籍的中國人稱「華僑」；這些人若放棄中國籍加入外國籍則稱「華人」，其後代即稱「華裔」。

據考證，「華僑」一詞直到十九世紀末、二十世紀初才開始使用傳播，而華僑往往自稱「唐人」。這一方面說明唐朝國勢強盛，影響遠播，另一方面也說明唐代對海外的移民人數可觀。在宋、元、明幾代，這類移民繼續有所發展。大體上說，中國強盛時，對海外的開拓性或經營性移民較多，中國動亂時，則以避難或流亡式移民較多。

清朝建立後，奉行「閉關鎖國」政策，對向海外移民持深惡痛絕的態度。《大清律例》第二百二十五條明文規定：「一切官員及軍民人等，如有私自出海經商，或移住外洋海島者」，應照「交通反叛罪」處「斬立決」。但仍有不少人生計無著，不得不冒險赴海外謀生。據記載，「閩、粵之輕生往海外者，冒風濤、蹈覆溺而不顧，良由生齒日繁，地狹民稠，故無室無家之人，一往海外，鮮回家者」。

鴉片戰爭以後，「閉關鎖國」的藩籬瓦解了，滿清政府反而同帝國主義勾結起來，將大批中國勞動人民販賣至海外充當勞工苦力。而這時中國社會百病叢生，人民困苦已極，許多人不得不流往海外以謀一線生機。在此形勢下，形成了一個向海外移民的高潮，並一直持續到整個民國時期，其規模之大，在中國歷史上空前絕後。

鴉片戰爭前，在海外的華僑、華人總數僅稍多於一百萬人，而一八七九年已達三百萬人，一九一九年為六百三十八萬人，至一九四八年則達到八百七十二萬人。其足跡在鴉片戰爭前僅限於亞洲的東南部，此後則逐漸遍佈全世界：一八四七年首次抵達古巴，一八四九年抵達美國，一八五二年抵達澳大利亞，一八五八年抵達加拿大，一九〇四年抵達南非，一九一〇年抵達巴西……華僑華人對這些國家經濟的發展都做出了不可磨滅的貢獻。

關於海外華僑、華人和華裔的人數，難以做出精確的統計，目前通常的說法是，總數近三千萬人，分布在一百多個國家或地區中，其中東南亞占九十%，已取得當地國籍者占九十%以上。人數最多的國家有泰國、馬來西亞、印尼、新加坡、越南、美國、緬甸和菲律賓，其中美國近年增長最快。

中國對海外的移民主要來自華南沿海。廣東省在總數中占六十五%以上，福建省約占二十五%，廣西和海南人數也較多。廣東的汕頭、興寧、梅縣、台山、開平、恩平、新會、中山、深圳，福建的福清、福州、晉安、南安、廈門，廣西的容縣、玉林、北海，海南的文昌、瓊山、樂亭等皆為著名僑鄉。其中廣東省的僑眷即占全省總人口1/6以上。為了和親人團聚，這些地區目前國際人口遷移仍相當活躍。

移民形成的特殊文化符號

洪洞大槐樹

元朝末年，戰爭連綿不斷，嚴重破壞了社會經濟。到了明朝初年，許多地方，特別是江淮以北大部分地區呈現著民多逃亡、城廓為墟、田地荒蕪的冷落、淒涼景象。山東、河南、河北受戰爭破壞最為嚴重。到了永樂初年，情況仍未好轉。戰爭的創傷尚未癒合，緊接著又出現了較大的天災。永樂元年（一四〇三年）甲午，直隸、北京、山東、河南饑；庚寅，山東蝗；丁酉，河南蝗。永樂二年八月，淫雨毀北京城五千餘丈；十月，黃河決口，沖毀開封城。

面對這種社會經濟異常凋敝的情況，朱元璋和朱棣意識到，如果不採取有力措施加以扭轉，這對於新生的明王朝是十分不利的。於是，明立國之初，朱元璋就決定實行「移民屯田，開墾荒地」的政策。當時，就北方來說，山西受戰爭破壞較小，四境安寧，而且多年風調雨順，五穀豐登。特別是汾河沿岸廣大地區，地沃水足，人煙尤為稠密。於是，明洪武、永樂年間，政府便大量從山西南部遷民。

從現有史料來看，明初從山西遷民共有六次，這些移民不僅被遷送到山東、河南、河北、北京，還有的被遷送到了遙遠的淮河以南。至今在北京大興、順義等縣，還有許多以山西的縣名命名的村莊，如長子營、屯留營、霍州營等。

山西這六次移民，都與洪洞大槐樹發生過關係。據史載，明初從山西遷民，不管老百姓家在何府何州何縣，都要先集中到洪洞縣去。洪洞縣賈村，當時有一古剎名叫廣濟寺。寺旁有一棵大槐樹。明政府在廣濟寺為移民登記，「發給憑照、川資」，而後再由此處編隊遷送。老百姓在離開洪洞時，人人悲傷，個個哭泣。他們拖兒帶女，扶老攜幼，肩挑籮筐，手拄破棍；有的灌一桶霍泉水（洪洞縣的一股泉水）；有的撮一把洪洞土；有的藏幾片槐樹葉，三步一回頭，五步一轉身，狀極可憫。當廣濟寺在視線中漸漸消失時，人們總想在最後一瞥中尋找個有紀念意義的東西，作為今後懷念故鄉的標記。此時，恰好能看見聳立在廣濟寺旁的那株古槐。那槐樹蒼老挺拔，枝繁葉茂，高聳入雲，在秋陽的照射下，閃著翠綠色的光亮。樹上還有烏鴉窩，高築枝頭。於是，這株古槐上老鴰窩的形象便牢牢印在所有遷民們的心中。以後，隨著時間的推移，人們父傳子，子傳孫，一代一代流傳了下來。

現在，在山西省洪洞縣賈村附近，南同蒲鐵路西側，有一處濃蔭蓋地、槐柳相間的樹叢。每年，這裡都遊人不斷，名聲傳遍五湖四海。這裡就是數不清的億萬人的「故鄉」——洪洞大槐樹。對於這棵大槐樹，數百年來，黃河下游的村村寨寨，甚至更廣泛的地區，一直流傳著許多有趣的故事。在晉、冀、魯、豫、皖等省，還有首都北京附近，還常常可以聽到這樣的歌謠：「問我祖先來何處？山西洪洞大槐樹」；「問我老家在哪裡？山西洪洞老鴰窩」。一棵槐樹成了億萬人的「故鄉」。

走西口

走西口大概是從明代的中期開始到清朝末年，其中的高潮在明末清初，這個時候數量最大，前後持續了將近三百年。走西口有兩種情況。一是由於山西當時人口比較多，生活比較困難，於是人口外遷；二是由於當時內蒙這一帶邊防的需要。有一部分人走西口，比如在明代中期時候西遷的晉商，他們是為了到口外發展商業，發展貿易，以致於到後來的票號。

「哥哥你走西口，小妹妹我實在難留……」一曲盪氣迴腸的北方民歌《走西口》，引發人們對先輩哀傷離愁「走西口」往事的追憶。然而，遙望萬里長城九重關何處是「西口」，歷來坊間眾說紛紜，學術界亦有爭論。

在一次山西省右玉縣舉辦首屆晉商與西口文化論壇上，經國內史學家論證，將明清古道的「西口」定在塞上雄關殺虎口（今山西省右玉縣北，明稱殺胡口）。如今，以前西口出去的人們紛紛踏上尋根訪祖的路。在山西省河曲縣至今還完整保留著走西口時必經之路「西口古渡」。走西口年代的民歌也流傳至今，叫「二人台」，聽一首「二人台」走西口，不難體會出那當年走西口時的悲離之情。

湖廣填四川

「湖廣填四川」是在明末清初的數十年間，四川由於戰亂、瘟疫及天災接踵而至，境內人口銳減，耕地荒蕪。清政府為了解決四川勞動力和生產糧食的問題，採取的「移民墾荒」的舉措，在大半個中國推行了移民填川政策。

在中國移民歷史上，清代前期的「湖廣填四川」是歷史上引人注目的重大事件。《四川通志》：「蜀自漢唐以來，生齒頗繁，煙火相望。及明末兵燹之後，丁口稀若晨星。」四川之所以要「填」，是人口極度稀少，需要充實。明末清初三十年戰亂，四川最慘。

一六四四年，張獻忠率領農民起義等入川，十二月稱帝建立政權，國號「大西」，定成都為「西京」。四川成了四戰之地：明軍濫殺，清軍濫殺，地方豪強濫殺，鄉村無賴濫殺邀功，張獻忠也有濫殺之嫌。繼而是南明與清軍的戰爭，還有吳三桂反清後與清軍的戰爭。四川人民遭到了一次次的戰亂和屠戮。

據官方統計，一六六八年四川成都全城只剩下人丁七萬人。從一些州縣的戶口存損比例可見，原有的人口只剩下十%或二十%。四川全省殘餘人口約為六十萬人。

這次大規模的移民運動從順治末年開始，一直持續到嘉慶初年，前後長達一百多年。其中，康熙中葉至乾隆年間是這次移民運動的高潮，四川人的祖先，絕大部分是在這時候背井離鄉進入四川的。雖然當時共有十幾個省份的移民被捲入這次移民浪潮，比如湖北、湖南、廣東、江西、福建、廣西、陝西、貴州、雲南、山西、河南、山東等，但因為當時移民入川的外省人以「湖廣籍」最多，因而這次事件被歷史學家和民間命名為「湖廣填四川」。所謂「湖廣」，是指湖北、湖南兩地。在明清時期，湖南、湖北合稱「湖廣省」。

下南洋

南洋的地理概念主要是指包括當今東盟十國在內的廣大區域。而廣義的南洋還包含當今的印度、澳大利亞、紐西蘭以及附近的太平洋諸島。由於地緣上的毗鄰關係，東南亞成為中國移民的遷徙地和避難所。因此這種遷徙歷史上稱為「下南洋」。

中國與東南亞的交往歷史，可以追溯到兩千年前的漢代。據《史記》、《漢書．地理志》等文獻記載，西元一世紀左右，中國就與緬甸、越南等國互有來往。唐代時，移民人數開始增多，他們被當地人稱為「唐人」。不過，中國人的南洋路，一直到了明朝和清朝前期，才越走越寬，歷史上有數次這種大規模的人口遷徙：

1.西漢末年，一批漢儒學者、軍政官員數千人逃往越南；2.南北朝時，五胡亂華，中原人士紛紛移居印度支那；3.唐朝後期，黃巢襲擊廣州時，廣東人爭相逃往東南亞；4.元滅南宋時，大批遺臣遺民也落難到此；5.明末清初，大量的難民、被清兵打散的農民軍、抗清失敗的明軍餘部，以及不願侍奉清廷的明朝遺民，掀起了移民東南亞的高潮。明亡後，高、雷、廉三州總兵陳上川、副將陳安平等率領兵將家眷三千餘人、戰船五十餘艘到達越南南部的湄公河三角洲，這塊地方因此被稱作「明鄉」。

一六五九年，跟隨永曆帝流亡緬甸的官兵眷屬，有的逃亡暹羅（今泰國），有的被安置在緬甸邊遠地方，今天緬甸北部的桂家與敏家都是這些官兵的後裔。

其遷徙原因，一是由於中國歷代封建王朝的末年，伴隨著農民起義、外族入侵和王朝更替，不堪戰亂的普通百姓和權力失落的前朝貴族紛紛移居海外；另外一個重要原因是為了改變個人或家族的命運。

據一九三五年中國太平洋學會對流民出洋的原因所作的調查顯示，因「經濟壓迫」而出洋者占六十九．九五％。那個時候下南洋的人，既有對未來充滿希望的人，也有在家鄉故土待不下去的人。其次，英國、荷蘭殖民統治下的南洋，正處於加速開發過程中，對勞動力的需求量非常大。南洋諸國為吸引華工，先後推出一系列優惠政策，如馬來西亞聯邦最大的一個州——沙撈越州，在白色拉者（意即國王）二世執政時期，就頒布過一個特別通告：給移民足夠的免費土地種植，政府提供臨時住屋安置移民；免費供給大米和食鹽一年；提供交通運輸工具，建立警察局保護華人安全，華人可永久居住在沙撈越等。

這樣的政策對於中國國內流離失所、喪失土地的無業流民來說，具有強大的吸引力。很多人就是在這個時候，或攜妻帶子，或孤身一人，漂洋過海來到南洋。

第2篇

破解謎團

史冊上記載的事件，有些似乎是矇騙的，
有時後人聽起來覺得荒唐的史實，其實後頭還有更多為人所不知的陰謀……

秦始皇為何因一句謊言就修建了萬里長城

張永廷、張馨文

長城是世界建築史上的傑作。它盤踞在重巒疊嶂之間，蜿蜒在沙漠之上，氣勢磅礴，堅固雄偉，被視為世界七大奇蹟之一。曾有權威人士作過統計，修築長城所用的磚石，如果用來修建一道厚一米、高五米的長牆，這道長牆足以環繞地球一周；而如果用來鋪築寬五米、厚〇．三五米的馬路，則可以環繞地球三周以上。但今天的人們在感嘆其浩大偉岸的同時，不知還有多少人能夠體會出其背後的辛酸。修築長城耗費了大量的人力物力財力，給平民百姓造成了無法估量的損失，更令人啼笑皆非的是，兩千多年前修築長城的起因聽起來頗為荒唐……

一提到萬里長城，人們首先想到的就是秦始皇。儘管秦始皇不是歷史上修築長城的第一人，也不是最後一人，但在人們的印象裡，長城與秦始皇有著不解的淵源，提到長城就不能不說秦始皇。

秦始皇是一個有著強烈危機感和憂患感的帝王。當上皇帝之後，他並沒有因一統天下的成就而陶醉，相反卻一直憂心忡忡。大秦帝國是在暴力的基礎上建立起來的，雖然反對的聲浪很小，但大規模爆發從未間斷。如何謀求大秦帝國的長治久安，是他的心願也是他的心病，這件事無時無刻不在困擾著他。

萬里長城因一句謊言而修

大秦帝國在將新政推向全國的過程中，遇到了意想不到的困難。為了獲得民眾對大秦帝國的認可，安定天下民心，秦始皇在完成統一大業之後的第二年，也就是始皇二十七年（前220年），開始不斷地巡幸天下。他巡遊的地點先是選擇在秦國境內，試行一年後，逐步推廣到秦國以外的領地。始皇二十八年，他從咸陽出發，經齊地也就是今天的山東到達海邊，又轉經江蘇、湖南、浙江、湖北返回咸陽，其行程幾乎遍及整個中國。即便是在交通高度發達的今天，他的旅程仍然漫長得令人生畏。

巡幸天下使得秦始皇的思想意識受到很大衝擊，思維方式也受到很大影響。秦國在戰國七雄中處於西部邊陲，論武力它可以雄霸天下，但若論發達程度，無論是文化還是經濟，與齊國等中原核心地區相比都有著不小的差距。巡幸之旅雖然辛苦卻也令秦始皇大開眼界，一種流行於齊地的方術吸引了他，使他對求仙問道以及尋求長生不老之術產生了濃厚的興趣。

方術帶有強烈的神秘色彩，這可能有助於排解他身心的巨大壓力。也就是在這個時候，一位名為盧生的方士逐漸成為秦始皇的寵臣，他就是那位編造謊言鼓動秦始皇修建長城的主角。盧生原本燕人，雖然僅為一個方士，但對秦始皇的施政產生了非常重要的影響。說到秦始皇的殘暴統治，歷史學家都繞不開兩件事：一是修長城，二是坑儒。這兩樁事的始作俑者都是盧生。

按理說，當時正值壯年的秦始皇不應該對生死問題有那麼緊迫的危機感，但長生不老似乎與長治久安有著天然的關係。為了尋求不死藥，秦始皇花費了大量的精力財力物力，求仙、封禪無所不用其極，最為典型的是派徐福帶三千童男童女到東海求仙，規模之大史無前例，但徐福一去杳無音信。

秦始皇寄予厚望的方術之道沒有收到任何效果，他所面臨的現實威脅反而越來越大。始皇二十九年（前218年），他在東巡的過程中遇刺，雖然倖免於難，但受到的打擊非同小可。不過兩年，他在咸陽微服巡行，又一次受到襲擊。這一次的打擊更甚前次，當年遇刺尚在秦地之外，這一次危險發生在首都咸陽。連京城的安全也成了問題，他內心的無奈與恐慌可想而知。

在這樣的背景之下，他對神秘主義的倚重更為強烈，他急於想找出威脅秦帝國的真實原因和有關自身安危的確切答案。始皇三十二年（前215年），他派盧生去求仙人指點未來的發展方向。盧生此去沒有任何收穫，回來後，他對秦始皇大肆歌功頌德，吹拍溜鬚，言辭間沒有實質性的東西。

對人們的阿諛奉承，秦始皇已聽了很多年。他需要的不是這些，他強烈渴望的是對鞏固政權真正有益的東西。於是他再派盧生入海尋求仙人指點。總是無功而返的方士這次帶回了一本《錄圖書》，這本讖書上記錄著一個驚天秘密：「亡秦者胡也。」

一直渴望對手的秦始皇終於找到了一個可以打擊的目標，他內心的焦躁與不安便要迅速釋放。盧生一句搪塞責任的話引發了中國一場空前的戰略大震盪。秦始皇立刻派大將蒙恬率領三十萬大軍北征匈奴，把匈奴逐出河套趕到陰山以北。秦始皇仍然不放心，為了防患於未然，又不惜血本，徵用七十萬勞工，歷時多年，起臨洮（今甘肅岷縣）止遼東，綿延萬里大規模修築長城，以絕胡人亡秦之患。

胡人究竟有什麼樣的威脅

盧生所傳「亡秦者胡也」中的「胡」為何人？他們對秦帝國的威脅究竟何在？秦始皇為何要下此血本豪賭明天？

秦時說的胡人，指的就是後來的匈奴。追溯歷史淵源，匈奴原本是中華民族的一員。就秦國而言，其早期的建國史堪稱一部與胡人的鬥爭史，中間既有失敗的教訓，也有成功的經驗。秦昭襄王時，胡人威脅到秦國的北部邊境，秦國出於東進的考慮，對胡人採取了築城防守的策略。

戰國中後期，胡人的力量進一步增強，他們飄忽不定的作戰方式令中原國家頭疼不已。趙武靈王以胡服騎射革新武裝，在與胡人的鬥爭中大獲全勝。

秦始皇統一全國時，匈奴人逐漸由一盤散沙匯合成一個較為統一的國家，實力又有所增強。匈奴首領稱為「撐犁孤塗單于」，「撐犁孤塗」是「天子」的意思，「單于」是

「廣大」的意思，中原人習慣上將他們簡稱為單于。

當時雙方邊境相對穩定，秦軍與匈奴間沒有大規模的衝突。這一方面是因為秦軍善戰，匈奴人不敢輕易挑釁；另一方面也是因為匈奴所處的形勢險惡。他們西臨大月氏，東接東胡，南面強秦，三面都有強敵存在，匈奴不敢輕舉妄動。

按照當時的形勢判斷，如果秦帝國不主動挑起事端，匈奴是絕不敢輕易南下的。秦始皇是個有雄略的帝王，他早有征伐匈奴之心。始皇二十六年（前221年），也就是秦國剛剛完成統一，秦始皇就有意趁熱打鐵，一舉收服匈奴。

他在廟堂之上召集群臣廷議此事，遭到丞相李斯的強烈反對。李斯認為與匈奴交戰有弊而無利，他分析雙方的情勢之後，給出了不可攻擊匈奴的幾條理由：

首先，匈奴居無定所，很難將其制伏。這在很大程度上是因為他們沒有城池居住，也沒有財富需要保護，根本不怕攻擊。

第二，攻擊匈奴，大秦將處於兩難境地。如果派輕騎兵速戰速決，糧草供應問題很難解決；而如果派輜重大兵壓境，則部隊的機動靈活程度受損，很可能追擊不上匈奴。

第三，即便打敗匈奴，結果也是無利可圖。匈奴地處蠻荒，經濟文化非常落後，對秦國的發展壯大沒有多少效益。另一方面，俘獲的匈奴民眾也不好駕馭，弄不好還是安全隱患。但若將他們殺掉，那更不是天下蒼生和陛下所願意看到的事。

李斯得出的結論是：勞師遠征匈奴，只會消耗朝廷的力量而沒有實際收益，不利於秦國的長遠發展。

應該說李斯的分析相當有見地，日後形勢的發展也與他的分析有許多吻合之處。李斯是秦始皇最為倚重的大臣，他的觀點在秦始皇那裡相當有分量。再加上中原剛剛統一，百廢待興，穩定中原局勢顯然比貿然進攻北方更為妥當，秦始皇只好將北擊匈奴的打算擱置下來。

一晃六年過去了，中原的穩定並沒有如期望中的那樣取得很大進展，秦始皇感受的威脅反而越來越大。這種威脅常常是莫名的，因為不知秦國的未來如何，無處發洩內心的恐慌，秦始皇非常焦躁不安。

始皇三十二年（前215年），當燕人盧生向他獻上「亡秦者胡也」的圖讖時，秦始皇的情緒為之一振，他覺得大展身手的時機到了，消除大秦帝國隱患的時機來了。在他看來，如果不立即北擊匈奴，秦帝國很可能會亡於日益壯大的胡人之手。他委派能征善戰的大將軍蒙恬率領三十萬精兵強將向匈奴發起了強悍的衝擊，一舉收復了河南與榆中地區。第二年又收復高闕，直抵陰山及河套地區。匈奴受到沉重打擊，他們不僅敵不過蒙恬的攻擊，還擔心東西兩翼受到襲擊，最後乾脆逃往大漠北方去了。

秦軍對匈奴此戰，表面上看應該是大獲全勝，但正如李斯當年所指出的那樣：胡人居無定所，沒有不能放棄的地盤，他們隨時可以遷移，秦軍的勝利並沒有多少實質性的內容可言，反而為自身平添了不少麻煩。

匈奴人打一槍換一個地方的戰法令秦軍非常頭疼，為了防止他們的侵擾，秦始皇決定修築長城。一馬平川的地方適合匈奴人騎射行動，修築城池限制他們的特長不失為一種有效的辦法。

修城禦敵並不是秦始皇的首創，早在西元前七世紀前後，各諸侯為了抵禦對方的進攻，就開始在自己的領地上修築高大的城牆，這些城牆被稱之為長城。西元前四世紀前後，燕、趙、秦等國為了防禦北方游牧民族的襲擾，也相繼修建長城。

修築長城禦敵雖古已有之，但卻被秦始皇發揮到極致，對後世的影響極為深遠。秦代以後，沒有修過長城的朝代寥寥無幾。

秦始皇不僅把趙、秦、燕、韓等國的舊有長城連成一線，又增築擴充了許多部分，形成了長達一．二萬華里的萬里長城。秦始皇不僅築長城，還修建了直道。他的想法是，長城可以抵禦北方胡人的侵略，保證秦不為「胡」所滅。而直道的修成，可以使秦國的騎兵在三天三夜之內直抵陰山，給「胡人」以致命一擊。

在今天看來，長城是一項了不起的奇蹟，但在生產力尚不發達的秦代，修築長城對黎民蒼生來說則是一場徹頭徹尾的災難與浩劫，秦始皇修築長城為秦帝國的最終滅亡埋下了禍根。

秦究竟因何而亡

秦始皇是我國從奴隸社會進入封建社會的第一位皇帝，是個備受爭議的人物，而他傾力打造的長城也是爭議不斷。關於長城的功過，或褒或貶，歷來有不同的看法。

孫中山先生對萬里長城評價很高，他在《建國方略》中指出，秦始皇這個人雖然不怎麼樣，但修築長城的功勞堪與大禹治水相提並論。如果沒有長城捍衛中原，中國可能等不到宋、明，在楚漢時代就已亡於北狄了，更談不上漢唐時代的興盛。他繼而把漢民族同化蒙古、滿族的功勞也歸到了長城名下，因為長城的存在使得中華民族的同化力得以壯大鞏固，才能夠「雖一亡於蒙古，而蒙古為我所同化；再亡於滿洲，而滿洲亦為我所同化」。

孫中山先生雖然對長城青睞有加，但一些有見地的史學家對此卻並不苟同。他們敏銳地指出，秦帝國看似解決了北患，但戰場上的勝利只是暫時的，秦始皇終其一生，也沒有從根本上解決匈奴問題。游牧民族雖然一時被震懾卻絕對沒有屈服，「亡秦者胡也」是他內心揮之不去的痛。長城的防禦作用也非常有限，漢唐之所以興盛不是因為長城，而是其開放的文化與國力的強大。大明是修建長城最下工夫的朝代，然而最終免不了被外族所滅的命運。

長城從來就沒能擋住北方游牧民族的鐵騎，明朝兵部尚書劉燾對此的感受非常深切。他說修建長城是自古以來沒有辦法的辦法，修長城抵禦外患是一個怪現象，幾乎到了惡性循環的程度。修長城下的工夫越大，人們對外敵入侵的擔心就越強烈，國家的錢財耗費也就越多，部隊的戰鬥力反而更弱。

國家沒有哪一年不為修長城耗費鉅資，但長城的功效與價值並不能體現出來。長城成了消極防禦的代名詞，花費巨大人力物力財力修建的長城，因為防線過於漫長，僵化消極的城牆很難抵得住敵人的突然來襲，其弱點顯而易見。

清朝入關以後，決定不再修築長城。康熙時，邊防總兵蔡元向朝廷報告說長城有許多部分倒塌，要求進行補修。康熙很不以為然，他說秦築長城以來，漢、唐、宋歷代經常修繕，但從來都沒有因此而免除邊患。明末清太祖大兵長驅直入，諸路瓦解，皆莫能當，可見守國之道，不在修城而在修民。他指出：「民悅則邦本得，而邊境自固，所謂眾志成城是也。」

秦始皇死後，其子胡亥設計害死了長子扶蘇奪得帝位，稱為二世皇帝。二世胡亥繼位，橫徵暴斂，變本加厲，終於引發農民起義。大秦帝國最終亡在二世胡亥手中，這使得人們又想起了那句「亡秦者胡也」的預言。漢朝大儒鄭玄曾對「亡秦者胡也」加過注解，稱這裡的「胡」指的不是「胡人」而是「胡亥」。這種事後諸葛般的解釋，我們權且一笑聽之。但笑過之後不免疑惑，大秦帝國究竟因何而亡？是誰滅亡了大秦帝國？

其實杜牧那篇傳誦千古的《阿房宮賦》說得再明白不過：「滅六國者，六國也，非秦也；族秦者，秦也，非天下也。」亡秦者非胡人，也非天下，而是秦自己。

歷史謎團：赤壁之戰的四大懸疑

淡墨青衫

西元二〇八年的四大新聞

如果讓時光整整倒流一千八百年，那就是漢獻帝建安十三年（208年），也就是赤壁戰火從此閃耀於史冊、破曹英雄開始傳誦於人間的年頭。這一年確實不同尋常。它不僅長達十三個月（十二月份之後還有一個閏月）；而且每個季度都有轟動天下的新聞：一是，春正月曹操開始在鄴城訓練水軍；二是，夏六月曹操成了漢朝的丞相；三是，秋九月曹軍占領荊州，追擊劉備；四是，冬十二月劉備與孫權的聯軍在赤壁大破曹軍。

新年伊始，曹操就忙於水師的操練，顯然是準備對江漢地區採取大規模的軍事行動。後來的事實表明，這實際上是赤壁大戰的前奏；曹操的水軍這一年年底覆滅於赤壁，可謂首尾呼應。

時值炎夏，曹操讓漢天子任命他為丞相，其意圖也是不言而喻的。這一舉措猶如公然亮出了特大的政治標語：「我已具有取代漢天子的合法地位！」因為世人都了解這樣的背景：早在西漢後期，漢家即將改朝換姓的讖言就流行開來，例如《西狩獲麟讖》說，漢朝滅亡的時候，接班人就是當朝的「丞相」。丞相，漢朝又稱「相國」。針對這種神學預言，不但漢哀帝元壽二年（西元前二年）把「丞相」改稱為「大司徒」，而且東漢從光武帝到漢靈帝（25年至189年）都不再設置丞相，最高的職官只稱「三公」，即太尉、司徒、司空。

東漢末年，第一個讓漢朝重設丞相的，是一心想登上皇帝寶座的董卓。《後漢書・孝獻帝紀》在永漢元年（189年）大事記中說：「十一月癸酉，董卓自為相國。」曹操是以討伐董卓起家的，當他在建安元年把漢獻帝這張「政治牌」掌握在手的時候，鑑於袁紹擁有最強大的軍事實力，於是讓天子任命自己為「司空」，而把班次最高的「太尉」讓給袁紹。可是，到了建安十三年，曹操自以為具備了天下無敵的資本，就讓漢獻帝「罷三公官，置丞相、御史大夫」。由此我們也不難看出，在上述背景下，曹操繼董卓之後設置丞相並自任其職，實質上就是在代漢自立的道路上邁出了最關鍵一步。下面的事情，無疑是進一步擴大地盤、消滅政敵。

劉備作為曹操的頭號政敵，此時寄寓於荊州牧劉表，屯於樊城，樊城在襄陽（今湖北襄樊市）附近，跟襄陽隔著一條漢水。七月，曹操以奉行天子之命的名義「南征劉表」。八月，劉表病死，他的小兒子劉琮嗣位，屯襄陽；九月，曹軍到達新野（今河南新野縣），劉琮舉州投降。劉備得知這個消息後，只得率眾南奔，往江陵（今湖北江陵縣）方向轉移。

由於劉備一向以仁德著稱，當他路過襄陽時，襄陽城裡的士民大多擁出城來跟隨轉移隊伍。這支兵民同行的隊伍從樊城撤出時，雖然不過數萬，但一路上不斷有人自動加入，到當陽（今湖北當陽縣）時人數已多達十餘萬。

江陵是個富有軍用物資的要地，曹操為了爭奪江陵，親自率領五千精騎晝夜兼程，終於在當陽長坂追上劉備。劉備在長坂敗得很慘，只得從斜路奔往漢津（今湖北荊門市），與劉表長子江夏太守劉琦等會合，同往夏口（今湖北武漢市漢口地區）。這時，密切關注戰局的江東首領孫權屯駐於柴桑（今江西九江市）。當曹軍將順江東下之際，劉備與孫權便達成了聯合抗曹的協議，孫權派周瑜等率領三萬水軍前往夏口，赤壁之戰的序幕就此拉開。

至於冬季上演的赤壁鏖兵，則是三國形成之前的一場大規模的群英會戰。孫、劉聯軍在赤壁燃起的沖天大火，把曹軍燒得焦頭爛額，不僅燒醒了曹操急於代漢的美夢，還燒出了三國鼎立的雛形。當年，這肯定是特別激動人心的大事；今天，這也無疑是歷史上格外引人矚目的一頁。

赤壁之戰的四個懸疑

赤壁之戰結束以後，曹、劉、孫三家的發言人站在不同的立場上各執一詞，其新聞報導及時事評論儘管有所不同甚至互相矛盾，但在明眼人看來，通過這些內容的互相印證，還是不難弄清歷史的真相。

陳壽在《三國志》的《魏志》、《吳志》、《蜀志》中，就分別錄入了三方之聲。《吳志．吳主傳》說，孫權任命周瑜、程普為左、右督，各領萬人，與劉備共同迎擊曹操，結果是「遇於赤壁，大破曹公軍。公燒其餘船引退，士卒饑疫，死者大半」。至於赤壁破曹的戰略、戰術及主要過程，《周瑜傳》的記載更加具體。與此大致相同的記載是，《蜀志．先主傳》說，孫權派遣周瑜、程普等水軍數萬與劉備併力，起先，聯軍「與曹公戰於赤壁，大破之，焚其舟船」。接著，劉備「與吳軍水陸並進，追到南郡。時又疾疫，北軍多死，曹公引歸」。

然而，曹操一方的說法則與孫、劉兩家出入很大。《魏志．武帝紀》說：「公至赤壁，與備戰，不利。於是大疫，吏士多死者，乃引軍還。」這種說法不但隱瞞了曹軍慘敗的真相，而且對周瑜所代表的一方竟然隻字不提，似乎赤壁之戰只不過是曹、劉之間一場小小的遭遇戰，跟孫權毫無關係。如果孤立地閱讀這麼一段，讀者就難免發生這樣那樣的疑問。

例如清代學者姚范在《援鶉堂筆記》中問道：「此不言吳人使周瑜，何也？」當然，這一類問題，今天已不難解決，因為我們只須了解《三國志》「互文見義」的筆法，進而參考常璩《華陽國志》、袁宏《後漢紀》、范曄《後漢書》、許嵩《建康實錄》等有關內容，就不會被某些歷史人物的政治煙幕所迷惑。

不過，由於《三國志》等歷史文獻只能勾勒史事的梗概，而小說《三國演義》對赤壁之戰的描述又大量採用虛構的藝術手法，再加上自然地理的演變及歷代傳說的歧異，有關赤壁之戰的地點、時間、規模及戰爭的諸多細節，歷來眾說紛紜。

最近半個世紀以來，隨著學術事業的發展，在三國歷史和三國文化的研究上出現了一系列著述，例如盧弼《三國志集解》（1957年），譚其驤《中國歷史地圖集》（1990年），李純蛟《三國志研究》（2002年），張大可《三國史研究》（2003年），張靖龍《赤壁之戰研究》（2004年），天行健《正品三國》（2006年），于濤《三國前傳》（2006年），盛巽昌《三國演義補證本》（2007年），沈伯俊《三國演義大辭典》（2007年）等。參考上述論著，我們至少在討論以下四個問題時，能夠從最新的起點出發。

第一，赤壁是一座山的名稱，還是某一地段的名稱？傳說赤壁的遺址現有五處，哪一處跟真跡更為接近？在歷史研究與旅遊事業與時俱進的今天，人們對此特別關心，是可以理解的。其實，赤壁遺址早在宋代已有五處，即南朝宋盛弘之《荊州記》所謂「蒲圻」（後來寫作「蒲圻」，今湖北赤壁市）、北魏酈道元《水經注》所謂「嘉魚」、唐《漢陽圖經》所謂「漢川」、宋蘇軾所游「黃州」及宋代傳說的「江夏」。現在看來，最接近三國時代的《荊州記》和《水經注》可信度較高，唐《漢陽圖經》以下的三種傳說均與事實不符。

關於這一點，盧弼在《三國志集解》裡對前人的論述作了很好的總結。最值得參考的是，近年出版的《赤壁之戰研究》論證了《荊州記》「蒲圻」之說的可信性，並說明「赤壁」絕不是一座山的名稱，因為它所指的範圍是沿江百里的南岸地區。

第二，火燒赤壁的具體時間，究竟是十月，還是十二月？過去也有不同的說法。《中外歷史年表》（翦伯贊主編）的著錄是：「十月，曹操以舟師攻孫權，權將周瑜大破之於烏林、赤壁，操敗退南郡，留兵守江陵而還。十二月，劉備攻占武陵、長沙、桂陽、零陵諸郡。」這個著錄是誤解南朝宋范曄所撰《後漢書》的結果。《後漢書．孝獻帝紀》在建安十三年的末尾記了兩件大事，一件是「冬十月癸未朔，日有食之」。另一件是「曹操以舟師伐孫權，權將周瑜敗之於烏林、赤壁」。如果參考比《後漢書》撰寫時間更早的《三國志》、《後漢紀》等書，就可以斷定，《後漢書》在根據舊史記錄第二件大事時省略了「十二月」等文字。

在這方面，《後漢紀．孝獻皇帝紀》的記載最為詳細，今摘錄如下：「九月，劉琮降曹操。……時孫權軍於柴桑，劉備使諸葛亮說權，權大悅，即遣周瑜將水軍三萬，隨亮詣備，併力拒操。冬十月癸未，日有蝕之。十二月壬午，征前將軍馬騰為衛尉。是月，曹操與周瑜戰於赤壁，操師大敗。」這段記載跟《魏志．武帝紀》相合，可見孫、劉聯軍早在九月份已經備戰，而赤壁交鋒及曹軍敗退的時間是兩個多月以後的十二月份。

第三，關於三方投入赤壁之戰的兵力，特別是曹操一方的人數，《三國志》或《三國演義》的讀者一向有多種猜測。對此，《三國史研究》在《赤壁之戰考辨》中有比較平實的分析，大意如下：曹操號稱「八十萬」，是虛張聲勢，他南下率三十萬眾，併荊州兵約十萬，總計四十萬。但曹操駐防新得的荊州，分散了兵勢，用在赤壁之戰的第一線兵力只有一半，且又是「以疲病之卒禦狐疑之眾」，故周瑜說「眾數雖多，甚未足畏」。聯軍方面，劉備有兩萬人駐夏口，孫權有十萬之眾屯柴桑。聯軍用於第一線的兵力，劉、關、張率兩千人助陣，共三．二萬。孫、劉雙方都留有大軍為後援。總之，三方動員總兵力五十餘萬，而在第一線陣地上，聯軍以三．二萬之眾，對抗了二十餘萬曹軍。

第四，或者把小說虛構的故事當成歷史的真實，或者用正史《三國志》來校正小說《三國演義》，這種現象的不時出現，說明我們有必要弄清史書和小說的區別：史書的價值在於「實」，史家所追求的是「實錄」；小說的精彩在於「虛」，作家的著力點是「虛構」。所以，當我們為《三國演義》「草船借箭」、「借東風」等情節鼓掌時，所讚賞的是小說家的虛構能力。

為什麼曹操墓與兒媳墓相連

岳南

一代梟雄曹操，生前樹敵太多，為防死後被人掘墓焚屍，故建疑塚七十二座。到底哪一座才有他的真身呢？傳言，曹操墓與兒媳墓相連，這是真的嗎？他們之間又有著哪些我們所不知的隱情呢？

曹操真身不在七十二疑塚？

在《三國演義》中，曹操被羅貫中寫成了一個生性多疑的梟雄，為防百年之後陵墓被盜或被仇家毀壞，臨終前，遂命令下屬為自己建造疑塚七十二座。隨著時間的流逝，本就顯得撲朔迷離的曹操墓愈發湮沒無聞。宋代詩人俞應符針對曹操七十二疑塚，曾設想了一種辦法：「直鬚髮盡塚七二，必有一塚藏君屍。」可惜的是，這種方法被實踐證明是無效的。自元明之後，這些陵墓相繼被盜，但曹操屍體仍未找著。這就應了魯迅所說的話：「安知其屍實不在此七十二之內乎。真是沒有法子想。」

一九八八年三月八日，《人民日報》第一版發表了一篇文章，題目為《「曹操七十二疑塚」之謎揭開》，該文說，「七十二疑塚」實際是北朝的大型古墓群，而墓的確切數量非七十二座，而是一百三十四座。這篇文章的全文如下：

聞名中外的河北省磁縣古墓群最近被國務院列為第三批全國重點文物保護單位。過去在民間傳說中被認為是「曹操七十二疑塚」的這片古墓，現已查明實際上是北朝的大型古墓群，確切數字也不是七十二，而是一百三十四。

磁縣地處冀南，周圍方圓三十多公里的大地上分布著眾多墓塚。《三國演義》第四回記載，曹操「遺命於彰德府講武城外，設立疑塚七十二，勿令後人知其葬處，恐為人所發掘故也」。近年來，考古工作者對這些「曹操疑塚」進行了多次調查，根據多處墓誌銘和墓形建造結構以及壁畫、陶俑、古幣等器物考證表明，從424年到578年，先後有東魏、北齊在磁縣、臨漳、鄴鎮一帶建都，其間歷代皇親國戚、天子朝臣葬於此地，逐漸形成了大型古墓群。

另據磁縣出土的墓誌看，墓的主人也均為北魏、東魏、北齊時人，所以《磁縣誌》這樣記道：「民國以來，經人盜掘者多有墓誌，都是北朝時的王公要人……疑塚之說不攻自破。」

至此，關於曹操設置七十二疑塚的故事可以畫上一個句號了。但是關於曹操屍骨到底埋於何處的故事並沒有結束。

曹操真身在漳河河底？

隨著七十二疑塚神秘色彩的日益消退，另一個圍繞漳河的神秘故事又將展開。在疑塚之說破滅的同時，就有人提出，曹操的真正陵寢不是建造於地上，而是造於漳河河底。持這種觀點的證據是，曹操之子曹丕廢漢稱帝後，曾寫過一份題為《止臨淄侯植術祭先王詔》的詔書，其中寫道：「欲祭先王與河上，覽省上下，悲傷感切。」後人多有贊同此說的。如清人劉廷琦曾作過一首《銅雀妓》詩，詩云：「銅雀宮觀委灰塵，魏主園陵漳水濱。即令西望猶堪思，況複當年歌無人！」

清人沈松在其《金健筆錄》一書中，引《堅瓠續集》，敘述了一段發生於漳河河底的逸聞，來證明此說。這段故事是這樣的：

清朝順治年間，漳河發生乾旱，河水枯竭，沙床裸露。一天，一個捕魚人在河床的水窪內捕魚。突然，他發現河床上露出了一塊大石板，石板的旁邊有一條裂縫，勉強可進一個人，捕魚人向洞裡一看，洞道很長，深不可測。他想，說不定這裡面有魚。於是，他先將兩腳伸入洞隙，再緊縮身子，鑽了下去。進去後，約走了數十步，他被面前的一個大石門擋住了去路。他用力推門，但門紋絲不動，無奈之下，他返回了地面。這件蹊蹺的事令漁夫很激動，他回去後就告訴了左鄰右舍。大夥兒聽了，認定這是個發財的機會，於是約定第二天一塊兒去看看。

第二天，他們依次來到大石門前。在費了九牛二虎之力後，大石門終被推開。大家擁到門口一看，立刻被眼前的景象驚呆了：只見石屋內儘是美女，一個個姿色絕倫，傾國傾城。她們有的坐著，有的互相倚著，還有的躺臥著，分列兩行，一個個栩栩如生。但是這種美景並沒有持續太久。轉瞬間，這些女屍都化為灰塵，委頓於地。石屋很大。走到裡間，只見中間放有一張石床，床上躺著一個老年男子，頭上戴著官帽，身上穿著朝服，像是一個王侯。在王侯的石床前面，立著一個石碑。漁人中有識字者上前一看，原來這個戴著官帽、穿著朝服的死屍就是魏武帝曹操。在他們看來，曹操是個白臉奸臣。於是捕魚人拿起漁叉、棍棒對著屍體亂打亂戳，以發洩心中之憤。

在敘述的最後，沈松對這種現象進行了分析。他認為，漳河河底的墓室之中，那些美女是被活生生憋死以殉葬的。由於墓室內地氣凝結，所以一打開石門後，她們看上去像剛斷氣的人一樣，但是漁人進室，洩漏了地氣，所以一進去她們就化為灰塵了。只有曹操是用水銀殮屍的，所以其肌膚並沒有腐爛。

曹操真身另有去處？

就在人們對沈松的敘述真實性還未來得及驗證時，另一位清人蒲松齡又在其《聊齋志異》一書中，寫到了河底發現曹操陵寢的故事，但這次不同的是，他寫的地點是許昌，而非臨漳。文章寫道：

許昌城外有水洶湧，近崖深黯。盛夏時有人入浴，忽然若被刀斧屍斷，浮出後，一人亦如之，轉相驚怪。邑宰聞之，遣人閘其上流，竭其水，見崖下有山洞，中置轉輪，輪上排利刃如霜。去輪攻入，有碑，字皆漢隸，細視則曹孟德也。破棺散骨，所殉金寶盡取之。

沈松所述之事，雖傳得有鼻子有眼，卻經不起推敲，所以只能是一種傳說；而蒲松齡向以虛構見長，加之地點又多有不符，所以其故事的真實性無疑也要大打折扣。基於以上原因，曹操的陵寢是否一定在漳河附近尚難定論。關於曹操安葬的地點，後人也提出了不同的見解。一種說法認為，曹操陵位於銅雀台正南五公里的靈芝村。乾隆五十二年（1787年）寫成的《彰德府志》上就明確標著，魏武帝陵在靈芝村，而在其南，緊鄰著甄后的朝陽陵。

甄后，即曹丕之妻甄文昭。她原為袁紹二兒子袁熙之妻。曹操打敗袁紹進入鄴城後，曹丕捷足先登，入袁府，見其美貌絕倫，遂納之為妻。後甄氏失寵，被曹丕賜死，葬於鄴城。難道曹操之墓真的與其兒媳連在一起嗎？他們又為何選在了靈芝村呢？

曹操與甄后有隱情？

曹操之墓為何與其兒媳墓連在一起呢？這中間還有些故事呢。原來，曹操在攻打袁紹之前，早已聽說了甄氏的美貌，但其子曹丕捷足先登，作為父親，怎能奪兒子之美呢？再說，曹操和袁紹同輩，若娶其兒媳為妻，豈不貽笑於天下！雖然甄氏被兒子娶走，但做父親的還是念念不忘。曹操與甄氏的關係還真有些微妙，至於二人是否有私情，不敢妄加斷語，但從一些現象分析，似乎能找出點線索來。

《後漢書．孔融傳》中寫道：孔融系名門出身，為孔子二十世孫，自少譽滿清流，為人恃才傲物，最後被曹操所殺。這其中最重要的原因是因為孔融給曹操寫了一封信。在信中，他嘲笑曹丕納甄氏乃是「武王伐紂，以妲己賜周公」。曹操未解其意，詢問之。孔融答曰：「以今度之，想當然耳。」這「侮漫之辭」，揭了曹操家醜，因為曹操一向以周文公自詡。曹操聽了這話，認為孔融是在講自己，所以盛怒之下，孔融人頭落地。

還有一個根據，即是曹丕的表現。曹丕娶甄氏時，是十分喜愛的，但曹操一死，馬上就冷落了她。據《魏書》記載，甄氏對曹丕的新寵說了一些不滿的話，曹丕知道了甚為震怒，對其百般虐待，最後又下詔書，賜之以毒酒，令她自殺。甄氏不喝毒酒，曹丕的新寵妃子郭氏就用糠塞於其口，趁其喘息之時，強行灌下毒酒，將其害死。另外，曹操死後，曹丕將其父的妃嬪全部召來，供自己玩樂。一次曹丕生病了，其母卞太后前去看望。她掀起門簾一看，見曹丕床側坐著的女子都是曹操生前的貼心宮妃。太后驚奇地問：「這些人何時被召到你房中來的？」曹丕回答：「父親剛死，我就召她們來了。」說話時臉上毫無羞愧之色。卞太后見此情形，氣憤地說：「你這樣做，死了連狗鼠都不吃你！」

從這兩點看，曹操似乎與甄氏有曖昧之情，所以才導致了孔融之死和曹丕的報復。也許，正是因為曹操的這段醜事，清朝的學究們才故意將兩個人的墳墓繪製在了一起。當然，這僅僅是一種大膽的假設，並無事實根據。

曹操真身到底葬在哪裡？

另一種說法認為，曹操陵在其故里譙縣的「曹家孤堆」。一九九一年第五期《風景名勝》雜誌上刊載了一篇題為《魏武故里話曹操》的文章。文章認為，曹家孤堆即是曹操陵，其理由有三：

其一，《魏書．文帝紀》載：「甲午（220年），軍治於譙，大饗六軍及譙父老百姓於邑東。」《亳州志》載：「父帝幸譙，大饗父老，立壇於故宅前，樹碑曰大饗之碑。」曹操死於該年正月，二日入葬，如果是葬於鄴城的話，那曹丕（魏文帝）為何不去鄴而返故里？說明曹丕此行目的是為了紀念其父曹操。其二，《魏書》還說：「丙申，親祠譙陵。」譙陵就是曹氏孤堆，位於城東二十公里處。曹操三十一歲時曾返鄉在此建築了精舍，而曹丕也於一八七年生於此處。

所以曹丕祠譙陵，其意有二：一不忘所生之地，二祭先王之陵。其三，亳州有龐大的曹操宗族墓群，其中包括曹操祖父曹騰墓，其父曹嵩墓等，曹操長女曹憲墓也在此處發現，綜上可知，曹操之陵亦當在此。

但是這種說法紕漏甚多。其中一個明顯的錯誤是，把曹丕的幾次祭祀作為證明曹操之陵在亳州的證據。其實，歷代皇帝的祭祀，並不見得只是祭父，更多的是祭祖，如明太祖朱元璋做了皇帝後，派懂得風水的大官到其出生地泗州選址，為其高祖、曾祖、祖父造陵，所以曹丕之於祠譙，只是一種祭拜祖先的活動，並不能證明曹操墓即在此處。至於曹家祖墳在此，曹操之墓也必在此的說法就更顯得蒼白無力了。

面對「曹墓不知何處去」的尷尬局面，後人不由得發出了「生前欺天，死後欺人」的感嘆，而對曹操為人之奸詐人們也有了更為深入的認識。其實，這只是問題的一個方面。從另一角度看，曹操一生節儉，力主並親身實踐「薄葬」，這在歷史上無疑是具有積極意義的。曹操所處的時代，戰亂頻繁，社會動盪，其採用隱秘的辦法處置後事，也是迫不得已。而且這種辦法，不僅保護了自己，也使諸多的盜墓賊無從下手，一次次徒勞無功，從這個意義上講，曹操又是十分明智的。

曹操入葬至今，時光已流逝了一千多年，曹操的真正陵寢還沒有找到蹤跡，也許人們是永遠找不著了。

楊貴妃下落之謎

葉廣芩

因為白居易的《長恨歌》記錄了馬嵬坡兵變的歷史，唐玄宗與楊貴妃的悲劇愛情，也就千餘年一直流傳了下來。很少有人懷疑楊貴妃是否真的死在馬嵬坡，但是唐玄宗作為皇帝，真的會在兵變的時候，眼睜睜地看著自己的愛妃身亡而無所作為嗎？為什麼一個驚人的證據，出現在日本？這個古老的文字記錄，說明當年楊貴妃並沒有死，而是跨越海洋，輾轉逃往日本，這是真是假？難道千年前的悲劇，只是一個出逃的妙計？在危險萬分的兵變現場，面對明晃晃的刀槍劍戟，楊貴妃怎樣平安脫險？她真的沒有死嗎？她逃到了日本嗎？

楊貴妃，中國歷史上著名的四大美女之一。她是唐玄宗的愛妃。在唐朝天寶年間，安史之亂爆發的時候，她隨同唐玄宗逃出京城。在陝西馬嵬坡，軍隊發生兵變，楊貴妃因此成了爭奪權力的犧牲品，她的悲劇令人嘆息……

天寶逸事

西安是唐朝的長安，在長安有很多楊貴妃留下來的痕跡：有馬嵬坡、華清池、仙遊寺等。仙遊寺是唐朝皇家的一個寺院，白居易曾在這裡創作《長恨歌》。《舊唐書》上記載，天寶十五載（756年）六月十五日傍晚，楊貴妃被縊死在馬嵬坡。楊貴妃死了以後用紫褥包裹屍體，葬於驛西道側，時年三十八歲。就是說連棺材都沒有，拿褥子把人一裹就埋在了大路的西側。將楊貴妃埋了以後，唐玄宗就向西逃竄，經過了今天的寶雞，進入大散關，到了秦嶺。

唐玄宗走了以後，當地有一種說法，說是掘墓觀美人。也有「此地縱千天，土香猶破鼻」這種說法。就是說埋葬楊貴妃的墳，土的細膩程度像擦在臉上的粉一樣。在過去，傳說陝西馬嵬坡附近有些婦女要用擦臉粉就到楊貴妃墓裡剮點兒，據說這個土還是香的。

第二年，唐玄宗回鑾，那時候他已經是太上皇了，他的兒子當了皇帝了。他曾經下命令，將貴妃的遺體改葬，就悄悄地把墳啟開，再重新埋葬。但是啟開墳以後，《舊唐書》

上記載：「肌膚已壞，惟胸前香囊猶存。」就是說肌膚已經沒有了，爛了，只有一個香囊還存在著。這個就為後人提出了疑問：是香囊爛得快，還是肌膚爛得快？肌膚沒了，這個香囊怎麼還有？這裡邊究竟有沒有屍體？

馬嵬坡楊貴妃墓地

年輕的時候，我覺得楊貴妃是個像謎一樣的人物，於是很多年以前我就從西安到馬嵬坡尋訪楊貴妃的墓地。當時天上下著小雨，到了馬嵬坡司機停車，說到了，這就是楊貴妃墓。當時我一看，哎呀！淒風苦雨，一個土堆，基部用磚砌的，周圍是老玉米地，玉米已經收割了，黃的葉子，還有殘舊的石碑都倒在地上，沒有院牆。那個雨水不光是把我澆透了，也把整個周圍的土地全部澆透了，濕淋淋的。那個雨打在老玉米的葉子上，我心想，這就是楊貴妃墓呀！此情此景確實和我的心情是非常吻合的，我認為這種哀婉幽冷就是楊貴妃墓的真實寫照。但是，在今天，這種破敗荒涼的意境已經尋不到了。

今天的楊貴妃墓是明麗的大殿堂，石頭刻的貴妃像，再加上周邊賣旅遊產品的，小汽車來來往往，已經失去了楊貴妃本來應該有的那種品味了。所以到現在我再也沒去過馬嵬坡，再也找不到過去的感覺了。當然，這只是一個文化人對於歷史的幽古之情罷了。

日本楊貴妃故里

幾年前，我在日本，有一天坐著大轎車參加旅行團的時候，走到路上，我忽然發現前面路邊上有一個大的交通標誌牌——「楊貴妃故里」，在日本的山口縣。我很奇怪，這兒還有楊貴妃故里？當時我想，楊貴妃怎麼到這兒來了？這麼偏僻的一個地方。可是，路邊上，楊貴妃商店、楊貴妃酒館、楊貴妃賓館，什麼都有。我說楊貴妃還挺熱鬧的嘛，在這折騰的。

回到家以後，我就調出來楊貴妃故里的很多資料看，原來這個地方叫山口縣向津具半島油谷町村。當時我通過朋友和油谷町村聯繫，說想看看這個楊貴妃到底在你們那兒是個什麼情況。

有一天我就去了。幾個老頭坐在桌子跟前喝酒，老頭們已經喝得有點高了，臉通紅。我跟他們說我是從西安來的。他們說西安就是長安嗎？我說就是長安。他說：哎呀，那你就是從楊貴妃她們家那兒來的！我說是。他說你能給我們說一說長安的話嗎？我說可以。於是我就說了陝西話，雖然我的陝西話說得很不地道，我經常在沒有陝西人的時候說陝西話。當時老頭們聽了以後那個激動啊，說：哎呀，這就是當年楊貴妃說的語言！有幾個人沒聽到，還給叫過來，讓我再說一遍。我就說了好幾遍陝西話。這種語言雖然他們聽不懂，但是他們就覺得這確是楊貴妃說過的話，他們覺得非常親切。

後來我就說這些人，對楊貴妃這麼有感情，好像楊貴妃就是他們這個地方的人一樣。同時還有人說楊貴妃在這兒還有後代，後代姓八木。

他們告訴我，楊貴妃墓就在二尊院裡，我就去了。二尊院的建築跟我們中國的非常相似，廁所都是男廁女廁，蹲坑，就像到了中國一樣。亭子都是中國式的亭子，裡邊也有石頭的雕像，這個雕像是我們西安市的工匠到油谷町來雕的。雕像的樣子和馬嵬坡的一模一樣，但是比馬嵬坡的雕像要瘦了一點，非常美，因為日本人不能接受楊貴妃是胖美人，他們覺得還是瘦些美。

在墓後邊有一個五層的石頭塔，很高，大概有一兩米高，他們說這就是楊貴妃的墓。塔的下邊有很多小的石頭塔，一個一個圍繞著這個大石頭塔，他們說這些塔是和楊貴妃一塊兒來的侍女的墳墓，就埋在這個地方。塔面向大海，說是為了方便貴妃思念家鄉，她能夠遙望長安。

我找到了二尊院當時的長老，我說楊貴妃在你們這兒埋著，有什麼證據嗎？當時他就拿出了兩本書，藍布的面，油麻紙裡邊墨筆直書，這是二尊院五十五世長老慧學記錄留下來的東西。裡邊說「天寶十五年七月，唐玄宗愛妃楊玉環乘空艫舟於久津唐渡口登岸，登岸後不久死去，里人相寄，葬於廟後」。我說在你這兒埋葬了，這是怎麼個過程？他說您往下看。

下邊跟中國的歷史全不一樣了：「六軍既發，貴妃氣息有所和緩，著人救之，造空艫舟，置數月糧食於舟內，放逐海中，任其漂流。」空艫舟就是沒有櫓的舟。沒有船櫓的舟，能從中國到日本嗎？這有點神話了。是怎麼過來的呢？唐代鑑真和尚多次東渡日本，最後雙目失明了，才渡過去。但這個長老說這不是神話，油谷町這個地方是一個非常特殊的地方，他建議我到那個唐渡口去看一看。

於是我告別了二尊院。這個海岸高，下邊是海灘，一個石板的小樓，蜿蜿蜒蜒下到了海灘。沿著海灘走，就到了唐渡口。長老說楊貴妃就是在這兒登陸的。在唐渡口我看到的是什麼呢？那麼乾淨的日本，但是在這裡的海灘上遍布著垃圾。仔細一看，大吃一驚，幾乎全是中國的垃圾，有我們的「海飛絲」洗髮膏的空瓶子、「農夫山泉」的瓶子、中國婦女穿的布鞋，裡邊還有韓國漂來的東西。他們說這是一股海流，從中國來的海流，這些東西不用護照、不用打船票，自己就漂過來了，長年在這兒漂著。

有三四個日本老太太在那兒的海灘上揀垃圾。她們告訴我說有的時候在這兒還真能揀到點好東西。所以他們說楊貴妃是借助這股海流漂到這兒來的。這個小漁村是一個海流的迴旋。

給這個以證實的還有什麼呢？在這個久津半島附近有一個博物館，叫土井浜博物館。這是一個非常現代化的博物館，建立在沙灘上。從一九五三年至一九八八年大概三十年間，在海灘這塊地方，挖掘出來了三百具人的骨頭。考證這三百具屍骨，證實是兩千年以前的中國的老百姓。為什麼是中國的呢？因為這些屍體在埋葬的時候，那個姿勢非常彎扭，脖子都扭著，所有的頭顱全部面向著大海，面向著中國方向；人們說這是中國最早的移民。

兩千多年前大概是在我們漢武帝時代，那個時候中國造船技術還不發達，人們不可能從中國坐船到日本來；這個就是日本有名的漂流學說。

日本人為什麼叫大和民族？它的民族構成是：有朝鮮來的，還有通古斯族過來的，有我們大陸上過去的，有南亞過去的，這些人組成了大和民族，就是今天的日本；所以這個也是一種學說。

還有一種說法，說為什麼這裡叫唐渡口，是因為武則天建立武周朝，她大肆對唐朝宗室皇上的親戚進行迫害，很多唐朝的貴族逃難，就借助這股海流，逃到了油谷町村，從這兒上岸，於是這就叫做了唐渡口。就是說在唐代，這兒也經常有中國的人過來，這個觀點是日本山口大學一位教授的觀點。所以，這些就為楊貴妃登陸提供了一個歷史背景。

楊貴妃生死之謎

那麼，楊貴妃當時究竟有沒有死？《唐書》上記載說天寶十五年六月十三日，天剛剛亮的時候，因為安祿山造反，潼關已經破了，皇帝攜同嬪妃，包括楊貴妃和他的皇子皇孫，還包括六軍代表陳玄禮，帶領這個大軍一塊兒出了長安的延秋門向西跑了。

西邊就是咸陽，咸陽離西安非常近，現在這兩個城市已經慢慢接起來，很難分清楚了。但是在當時，四十里路，這一行人走了半天，到中午的時候才到咸陽。本來是想叫咸陽縣的縣令接待他們，但是那縣令一聽那邊造反了，嚇得比誰都跑得快，沒影了。在這種情況下，唐玄宗到了咸陽連飯都吃不上了。當時記載，高力士從街上買了一點帶芝麻的燕餅給皇上吃，士兵也要飯吃，這實際上是一個契機，是造反的一個最直接的由頭。而真正操縱造反的是太子，他是想篡奪皇位的，於是殺了楊國忠和楊的兒子。

陳玄禮作為代表跟皇上接觸，要求處死楊貴妃。因為士兵把楊家全家都殺完了，貴妃還在皇帝身邊，士兵心裡不安，認為這是一個禍害。儘管她自己說不問朝政，但畢竟是一種威脅，士兵表示：除非殺楊貴妃，否則的話，就不走。在這種情況下，唐玄宗忍痛割愛：殺吧！

對於這段歷史，日本的藍皮書是這麼寫的：「高力士將貴妃從寢室中叫出，於廟堂前樹下縊死，著六軍代表陳玄禮驗看，確認貴妃已死。」這個記錄好像和我們的記錄沒有太大的出入。有人分析說，陳玄禮強迫皇帝處死了楊貴妃，這件事情實在有損皇帝的尊嚴，這是犯上，是大不敬。他也非常明白，自己做的這件事情是違背皇帝意願的，皇帝是非常不高興的，所以他心裡也非常膽怯。

我們的史書上也有這樣的記載：「四軍將士聞楊貴妃死訊，即歡呼，陳玄禮免甲冑而拜。」就是說陳玄禮把自己軍裝內的甲冑脫了請罪。這說明了他不可能驗看楊貴妃的遺體。逼死皇帝的貴妃，已經大不敬了，還要去看娘娘的屍體？他不敢。而且執行縊死楊貴妃的實際上是內侍，在逃亡的過程中根本就不可能找到專門縊死人的專家。勒死一個人也不是那麼容易的，更何況內侍們稍稍有意，甚至是無意，都可以致楊貴妃氣絕而未斃命。

於是，軍隊、皇帝都走了，楊貴妃慢慢地甦醒。即使她就是甦醒了，也沒必要再勒一遍了。這個事情已經平息了，都解決了；於是她活了。楊貴妃醒來的時候，周圍只有處理她殯葬的內侍和宮女了。

有人分析楊貴妃沒有死的原因有四點。第一，據說楊貴妃待人非常寬厚，所謂的禍水也是一個厚道人。在宮裡邊可能也不得罪人，大家對她是非常有感情的。第二，在逃難的過程中，調節唐玄宗與軍隊和各方面關係的是他的兒子壽王李瑁，楊貴妃的前夫。愛妻遇到這樣的事情，你說他能不幫一把嗎？第三，高力士幫助。高力士和楊貴妃的關係更不必說，楊貴妃先當女道士，再改嫁唐玄宗，這都是他設計的，他不可能把她再勒死。最後一點，楊貴妃的侄子楊暄幫助。其他幾個侄子都被士兵殺死了，只有楊暄在當時沒死。楊暄是駙馬，萬春公主的丈夫，楊國忠的兒子，官居鴻臚卿。鴻臚卿就是外交部長。這位唐朝的外交部長和那些遣唐使們的情誼是非常深厚的。在隨行的隊伍當中還有遣唐使呢。外交部長的姑姑出了這樣的事，那麼於危難之中得到遣唐使們相助也是情理當中的事情。

這就給我們提供了一個楊貴妃不死的話題。那麼楊貴妃到日本必須借助船，她怎麼到的海邊？走的是什麼樣的道路？俞平伯先生在解釋《長恨歌》的時候也提出了貴妃不死的說法。那麼楊貴妃逃亡只有一條道路：先到陝西周至，然後走周至的儻駱道。即從周至縣的駱口驛，現在叫駱口村進山，穿越秦嶺，從陝西洋縣穿出來。這條蜀道修建得最早，是一條最險峻、最近的道路。所有的蜀道都是沿著河谷在山谷裡邊穿來繞去，但是這個儻駱道是遇山翻山，遇水過河，直上直下。

今天從漢中飛往西安的飛機航線還是沿著儻駱道飛。這條道路我考察過6次，因為它荒廢得最早，所以保留得最完好，沿途有各式各樣的石刻。所以說，楊貴妃是有可能沿著這條儻駱道從駱口驛進來，洋縣出去，沿著漢江南下，然後到長江，再往南到海邊。

當然這只是一種說法，中國的正史和日本的文字記錄完全不同，誰是誰非我們姑且不去評判，歷史給我們留下了這樣一個故事。

楊貴妃那看不見的美麗和馬嵬坡以後的這種讓我們抓不住的虛幻，這是藝術的張力，這給了文學藝術發展擴張的一個餘地。所以，歷史上自從天寶逸事以後，不管是詩歌，還是傳記，還是在馬嵬坡的楊貴妃墓，都留下了歷代文人墨客的詩篇，還有一些戲劇《長生殿》、《大唐貴妃》、《唐明皇》等這些藝術上的東西，是非常多的。這是老祖先給我們留下的一筆財富。

我們說楊貴妃從「霓裳羽衣舞」，到「宛轉娥眉馬前死」，一直到油谷町裡望家鄉，這是一個故事。可是在故事的背後，它的內涵太豐富。楊貴妃抓不住，這種撲朔迷離，或許正是楊貴妃的本意。

「南海一號」南宋沉船之謎

李垚

十月二十一日，從「南海一號」沉船中出水的兩百餘件珍貴文物，在南宋官窯博物館臨時展廳正式展出。這艘備受中外考古界關注，沉寂海底八百多年的南宋古沉船，從一九八七年被發現，到二〇〇七年十二月二十二日重見天日，二十八日入住「水晶宮」，沉箱的打開，揭開了這艘裝載著無數秘密的古沉船的神秘面紗……

那麼，這艘古沉船上的瓷器究竟來自哪些地方，是怎麼發現的，裝載有多少文物，從何地起航又駛向何方，為什麼會沉沒？

沉船簡介

「南海一號」沉沒於珠江口以西、距廣東省陽江市東平港以南約二十海里處，於一九八七年廣州救撈局和英國某潛水打撈公司在廣東上下川島外發現的，一九八九年經國務院批准，被命名為「南海一號」。此沉船為八百年前南宋時期商船，長三十·一米，寬九·八米，船艙內保存文物總數為六萬至八萬件。這是迄今為止世界上發現的海上沉船中年代最早、船體最大、保存最完整的遠洋貿易商船，也是唯一能見證古代海上絲綢之路的沉船。

已出水完整的可復原器物總計四千五百餘件，文物主要以瓷器為主，此外還包括金器、銀器、錫器、鐵器、銅錢、漆器、動物骨骼、植物果實等。瓷器大部分是產自浙江龍泉、福建德化、江西景德鎮等南宋幾大名窯，品種超過三十種。這些瓷器造型獨特、工藝精美，絕大多數完好無損，是宋朝繁華瓷業的一個縮影，為研究宋朝瓷器提供了珍貴的實物資料。發現的銅錢近萬枚，最早的為東漢的「貨泉」，最晚的年號是南宋「紹興元寶」。金飾品中有鑲嵌珍珠的金戒指，非常精美。沉船上還發現了兩具眼鏡蛇的遺骨，眼鏡蛇一般為印度人飼養的寵物，因此專家推測船上曾有印度商人。

打撈方案

「南海一號」沉沒海底八百多年，歷經海水的沖刷、腐蝕，船體已非常脆弱。專家對「南海一號」的打撈進行了多次研究和論證後，最終確定了「整體打撈」的方案。古沉船整體打撈無論在世界考古界還是在打撈界都屬首創。

「整體打撈」採用了一個巨大的鋼製沉井，將埋藏於海底淤泥之下的古沉船及周身淤泥整體打撈上來。按照這個方案，巨型沉井被壓入海底後，將整體罩住沉船及其周圍淤泥，然後再從沉井底部兩側穿引三十六根鋼樑，形成一個密封的「鋼箱」，把「南海一號」連同海水和周圍泥沙整體打撈出水。

由交通部廣州打撈局歷時一個多月設計和製造的沉井，長三十五．七米，寬十四．四米，高十二米，重達五百三十噸，分上下沉井兩部分。下沉井高五米，底部設計為向內收縮的斜角，方便沉井順利地插入海底淤泥中。上沉井的底部預留了三十六對方孔，三十六根底梁從中橫穿而過。

沉船揭秘

船主的身分

從「南海一號」共出水的金手鐲、金腰帶、金戒指等黃金首飾比較粗大推測，船主可能非常富裕，這個人有可能是一名身材魁梧、體型高大的富商。

船上人員是否逃生

從對「南海一號」文物的打撈結果看，目前還沒有發現古人骸骨。有專家推測，由於「南海一號」上已經出水的腰帶、戒指、手鐲等金器多為飾品，且數量少，應該不會是遠洋貨物，極有可能是船上的富商所佩戴。按照這樣的推斷，「南海一號」沉沒時，船上的富商如果可以及時逃離，應該不會將隨身所戴的金手鐲、金腰帶、金戒指全部拋掉再逃生，所以有可能是與「南海一號」一起葬身大海。

當時船上生活如何

考古人員曾從凝結物中清理出了一件較為完整的漆盒，漆盒飾紋華麗，非常精美，透露出它的主人擁有精緻的生活。

沉船中出水了一些大小不一的陶罐，外形樸實。專家認為，這些陶罐很有可能是「南海一號」上的船員所用，其中一些陶罐可能是用於盛酒。如果屬實，宋代文獻中記載的，遠洋途中船員飲酒消遣的生活，就可能在「南海一號」上得到證實。

沉船是否超載

歐洲有兩條著名的軍艦，一條是瑞典的「瓦沙」號，另一條是英國的「瑪麗．羅斯號」，他們都是因為加裝了大炮造成船身載重量過大而沉沒的。那麼「南海一號」也有可能因為超載而沉沒。

南海一號始發地為何處

「南海一號」出水文物大多是江西和福建的瓷器，江西景德鎮位於福建的西北方，船逆流而上去運貨可能性較小。此外，史料中曾有記載，在宋代廣東港的船少有向北航行的，多發自泉州及以北港口。所以綜合分析，「南海一號」發自廣州的可能性不大，很可能是福建泉州地區。

生活艙濃縮中國海洋時代「南海一號」的文物價值，有人估計可能會超過千億美金。

南宋的疆域狹小，但是南宋是中國最富庶的朝代之一，因為國家財富積累一大部分都是依靠海外貿易，所以南宋甚至可以稱為古代中國的海洋時代。古船生活艙可以說是濃縮了整個時代背景，包含的歷史資訊可能超乎人們的想像。

木質船為何長年不腐

「南海一號」位於海面下二十米深處，被兩米多厚的淤泥覆蓋。令人驚奇的是，這艘沉沒海底八百多年的古船船體保存完好，整艘船沒有翻、沒有傾斜，而是端坐在海底，船體的木質比較堅硬。

對「南海一號」前期探摸中，還發現了少量的船體上的碎木塊。這些木塊的材質有一部分是馬尾松木。馬尾松多見於福建、廣東、廣西等地。因此，「南海一號」的出生地應該是中國南部。

為何「南海一號」能夠長存水下八百年而不腐？「南海一號」水環境課題組負責人、中山大學生物科學學院徐教授介紹說，能保存完好主要有兩個原因。

一是「南海一號」所沉沒的水下環境氧濃度低，可以推測，船在沉沒後的短時間內周圍很快附著了大量淤泥，從而使船體與外界隔絕，避免了氧化破壞。對沉船周圍淤泥的研究發現，淤泥內有很多生物，但沒有存活的，這說明船體周圍是一個厭氧狀況非常好的環境。

二是「南海一號」所使用的材質是松木。根據廣東民間說法：水泡千年松，風吹萬年杉。這表明松木是抗浸泡比較好的造船材料。

船上文物

瓷器：海外使用宋瓷成為身分象徵

「南海一號」已出水的完整瓷器，彙集了德化窯、磁灶窯、景德鎮、龍泉窯等宋代著名窯口的陶瓷精品，品種超過三十種，多數可定為國家一級、二級文物。「南海一號」還出土了許多「洋味」十足的瓷器，從稜角分明的酒壺到有著喇叭口的大瓷碗，都具有濃郁的阿拉伯風情，被認為是宋代接受海外訂貨「來樣加工」的產品。中國古陶瓷協會會長、陶瓷鑑定泰斗耿寶昌對著「南海一號」上出水的瓷器連連驚嘆：「搞了一輩子的瓷器研究，卻從未見過如此多的瓷類珍寶，很多連聽都沒聽說過！」

宋代是中國瓷器第一個鼎盛時代，出現了定、鈞、官、哥、汝五大名窯。對比明清時期華麗的琺瑯彩，宋瓷以優雅的單色釉著稱，被不少瓷器愛好者們奉為中華瓷器中的「大家閨秀」。

宋代各地燒瓷名窯迭出，官窯首屈一指。宋徽宗登基後在河南禹州神垕鎮建立鈞瓷官窯，專門為皇宮燒造花盆、盆奩等陳設貢瓷。在他的主持下，鈞瓷表面燒製所出異常奇麗、變幻無常的線條，由於後人難以仿製，故有「鈞瓷無雙」之說。

景德元年（1004年），宋真宗趙恆命昌南進御瓷，底書「景德年製」四字。因該鎮產青白瓷質地優良，精美絕倫，於是以皇帝年號為名置景德鎮，並沿用至今。隨著宋室的南渡，北方許多著名窯場能工巧匠紛紛趕赴景德鎮，帶來了當時北方先進的製瓷工藝，使景德鎮的製瓷技術迅速發展。宋代，景德鎮因出產「影青瓷器」、「青白釉瓷器」而聞名於世，並通過泉州、廣州兩大商港通達海外，成為當時風靡世界的名牌貨。據說，荷蘭、葡萄牙商人最早將瓷器販運到歐洲時，瓷的賣價幾乎與黃金相等。據趙汝適《諸蕃志》記載，宋代的瓷器被運往全球五十多個國家，最遠的包括非洲的坦桑尼亞等地。

在巨大經濟利益驅使下，宋代的泉州、廣州、杭州等著名對外貿易港口附近出現了不少瓷窯，如「南海一號」上發現的福建德化窯、泉州附近的磁灶窯瓷器等就是當年著名的外銷瓷。考古學家曾在磁灶窯發現過一些瓷雕塑，人物形象高鼻深目，生動地再現了當年貿易口岸「漲海聲中萬國商」的景象。

在宋代，廣東瓷業進入一個空前的興旺期，出現了廣州西村窯、潮州筆架山窯等著名窯場，計有窯址八十多處，年產瓷器達一．三億件，比唐代增加近二十二倍。南宋朱彧《萍洲可談》記載北宋末年廣州商船大量出口瓷器的情況時說：「舶船深闊各數十丈，商人分占貯貨，人得數尺許，下以貯物、夜臥其上。貨多陶器，大小相套，無少隙地。」有專家稱，目前在東南亞各地發現的宋瓷，大部分都是當年廣州的外貿商品。

隨著宋瓷的光芒遠播海外，外國人對宋瓷趨之若鶩。在國外，宋瓷的使用成為階級和身分的象徵，甚至還影響了他們的生活習俗。據記載，東南亞一些國家在中國陶瓷傳入以前，多以植物葉子為食器。宋瓷輸入後，他們改變了過去「掬而食之」的飲食習俗，用上了精美實用的瓷器作為食物器皿。如今在印尼國家博物館，還依然擺放有許多產自宋代德化的「喇叭口」大瓷碗。

金器：統一的特點是粗大

金器是「南海一號」上出水的最惹眼、最氣派的一類文物。那些金手鐲、金腰帶、金戒指等不但沒有生鏽，還閃閃發亮。它們比較統一的特點是粗大。鎏金腰帶長一．八米，鎏金手鐲口徑大過飯碗，粗過大拇指，四兩多重。

銅錢：「海上絲路」的硬通貨

「南海一號」沉船點發現的銅錢已達上萬枚。其中，年代最老的是漢代的五銖錢，年代最晚的是宋高宗主政期的紹興元寶。

這麼多的貨幣一方面可能表明當時中國的國力之盛，中國貨幣可以成為「海上絲路」

的硬通貨，另一方面，也表明了船主的富裕。

鐵器：宋朝就出口廣東鐵器

除了陶瓷這類人們熟知的中國特產，那時科技領先的中國，還向世界輸出鐵器，八百多年後，它們已經面目全非。「南海一號」船艙裡面還有兩樣比較大宗的東西，就是鐵鍋和鐵釘，鐵鍋與海水發生作用後，一摞一摞地變成了鐵疙瘩；鐵釘個體較大，二十多釐米長，鐵釘都是拿竹篾進行包紮的，數量非常多。而在宋朝，廣東正是鐵器盛產地。

銅環：「半成品」出口深加工

在「南海一號」裝載的貨品當中，除鐵鍋外還有不少金屬製造的商品，如銅環、銅珠等。對兩者的用途，考古人員表示目前銅珠的用途還不好推測。

在出水文物展示時，專家分析說，從這些製品的外觀看，只是經過初步的鑄造或打磨，像銅環等上面並無花紋等裝飾的痕跡，有可能是「南海一號」的船主將中國造的半成品運往海外進行深加工。

「南海一號」是唯一能見證古代海上絲綢之路的沉船。學界認為「這是國內發現的第一個沉船遺址，它意味了一個開始」，考古學家認為，「南海一號」的發現和打撈，其意義不僅在於找到了一船數以萬計的稀世珍寶本身，它還蘊藏著超乎想像的資訊和非同尋常的學術價值。因為「南海一號」不僅正處在「海上絲綢之路」的航道上，而且它「藏品」的數量和種類都異常豐富和可貴，給此段歷史的研究提供了最可信的模本。對這些水下文物資源進行勘探和發掘，可以復原和填補與古代中國「海上絲路」密切相關的一段歷史空白，也很可能帶來「海上絲綢之路學」的興起。

康熙為什麼三十多年不葬祖母孝莊皇太后

高陽

選立六歲的福臨繼承皇位，自然是由於孝莊太后之故。

孝莊與多爾袞的關係，為清初之大疑案之一。疑雲之起，由於張煌言（蒼水）的兩首七絕，題為「建夷宮詞」，收入《奇雲草》。「建夷」者，建州之夷，為遺民對新朝的稱呼。詩云：

上壽觴為合巹尊，慈寧宮裡爛盈門。
春宮昨進新儀注，大禮恭逢太后婚。
掖庭猶說冊閼氏，妙選孀閨作母儀。
椒寢夢回雲雨散，錯將蝦子作龍兒。

此詩系年庚寅，為順治七年。天下哄傳，太后下嫁攝政王。孟心史先生曾作考證，力辟其非實。相傳孝莊後下嫁，曾有「謄黃」的恩詔，但孟心史遍檢舊籍而無有；又欲得「不下嫁之堅證」，最後讀《朝鮮李朝實錄》，方有確證，其言如此：

> 私念清初果以太后下嫁之故，尊攝政王為「皇父」，必有頒詔告諭之文；在國內或為後世列帝所隱滅，朝鮮乃屬國，朝貢慶賀之使，歲必數來，頒詔之使，中朝亦無一次不與國內降敕時同遣。不得於中國官書者，必得於彼之實錄中。著意翻檢，設使無此詔，當可信為無此事。既遍檢順治初年《李朝實錄》，固無清太后下嫁之詔，而更有確證其無此事者，急錄之以為定斷，世間浮言可息矣。
>
> 朝鮮仁祖李倧實錄：二十七年己丑，即清世祖順治六年，二月壬寅，上曰：「清國諮文中，有『皇父』攝政王之語，此何舉措？」金自點曰：「臣問於來使，則答曰：今則去叔字。朝賀之事，與皇帝一體云。」鄭太和曰：「敕中雖無此語，似是已為太上矣。」上曰：「然則二帝矣。」以此知朝鮮並無太后下嫁之說。使臣向朝鮮說明「皇父」字義，亦無太后下嫁之言。是當時無是事也。

雖無太后下嫁攝政王的事實，但極可能有孝莊與多爾袞相戀的事實。（清朝創業兩帝，皆得力於政治婚姻。太宗孝端、孝莊兩后母家博爾濟吉特氏，為國戚第一家，累世結姻，關係尤重，不可不作一介紹。）博爾濟吉特氏為元朝皇室之後，屬於內蒙古哲里木盟，共四部十旗，計科爾沁六旗、札賚特一旗、杜爾伯特一旗、郭爾羅斯二旗，當今遼寧北部、黑龍江南部，以洮南為中心，東至伯都納，西至熱河、察哈爾交界，北至索倫，南至鐵嶺，皆其牧地。博爾濟吉特氏即為科爾沁部，向來以右翼中旗為盟長，稱號為札薩克汗。

孝端皇后之父名莽古斯，為科爾沁六旗中一旗之長。此族早已附清，太祖一妃，即康熙接位冊封為「皇曾祖壽康太妃」者，為科爾沁貝勒孔果爾之女；孔果爾後封札薩克多羅冰圖郡王，成為科爾沁六旗的盟長。

清朝與博爾濟吉特氏始通婚姻，在萬曆四十二年甲寅，即莽古斯以女歸太宗。天聰七年，莽古斯已歿，其妻稱為科爾沁大妃，攜子塞桑、塞桑長子吳克善，以及吳克善的妹夫滿珠禮等來會親，進一步大結婚姻。但行輩錯亂，如太祖之於葉赫一族，親戚關係變得極其複雜，《清列朝後妃傳稿．太宗孝端文皇后傳》載：

> 天聰間後母科爾沁大妃……數來朝，帝迎勞錫賚之甚厚。貝勒多鐸聘大妃女，為皇弟多爾袞娶其妹，吳克善子亦尚公主。

大妃之女即孝端之妹，多鐸為太宗之弟，昆季而為連襟，自無足異；為多爾袞娶「其妹」者，大妃之妹，亦即孝端的姨母，多爾袞成為其嫂之姨丈，憑空長了一輩。吳克善為孝端的內侄，其子為內侄孫，尚公主則成為女婿，此亦是憑空長了一輩。

與此同時，塞桑之女，吳克善之妹，亦即孝端的侄女，為太宗納為妃，即孝莊后。崇德元年，建五宮，孝端稱「清寧中宮后」；孝莊為「永福宮莊妃」；而孝莊另有一姊，則早於天命十年即歸於太宗，封為「關睢宮宸妃」。宸妃有孕，崇德二年七月生皇八子，以其為正式建元後所生第一子，因而以誕生太子之例舉行大赦，但旋即夭殤；半年後，亦即崇德三年正月，孝莊生皇九子，即為世祖福臨。宸妃之子不殤，自應為皇位之繼承人。但我以為不儘然，即因多爾袞與孝莊有特殊感情。

孝莊后崩於康熙二十六年，年七十五，則是生於萬曆四十一年癸丑。《清史稿》說她「於天命十年二月來歸」，計年不過十三，度當時情事，不過依姑而居，「待年」擇配，本不必於此時即定為太宗妾媵。至多爾袞歿於順治七年，年三十九，則應生於萬曆四十年壬子，長孝莊一歲。當太祖崩於靉雞堡，四大貝勒逼迫大妃身殉，兩幼子多爾袞、多鐸由太宗撫養，其時多爾袞十五歲、孝莊十四歲，年歲相當，滋生情愫，是極可能的事。我甚至懷疑，多爾袞與孝莊的這段戀情，至死未已。孟心史《太后下嫁考實》云：

蔣錄（蔣氏《東華錄》的簡稱；下稱王錄亦即王氏《東華錄》的簡略）於議攝政王罪狀之文，有王錄所無之語云「自稱皇父攝政王」，又親到皇宮內院。又云：凡批示本章，概用「皇父攝政王之旨」，不用「皇上之旨」；又悖理入生母於太廟。其末又云：罷追封、撤廟享，停其恩赦。此為後實錄削除隆禮，不見字樣之一貫方法。但「親到皇宮內院」一句最可疑；然雖可疑只可疑其曾瀆亂宮廷，絕非如世傳之太后大婚，且有大婚典禮之文，佈告天下也。夫瀆亂之事，何必即為太后之事？

心史先生的考證，推理謹嚴，但上引最後一句，不免強詞奪理，如反問一句：「安知必非太后之事？」恐心史先生亦將語塞。事實上從年歲相當，以及同養於宮中、朝夕相共的情況來說，多爾袞「親到皇宮內院」，為了孝莊的可能性，大於其他可能性。此外如心史先生所指出的自稱「皇父攝政王」，以及孝莊后崩後願別葬，似皆非無故。關於「皇父」之說，胡適之先生於讀「考實」後有一函致心史先生云：

讀後終不免一個感想，即是終未能完全解釋「皇父」之稱之理由。《朝鮮實錄》所記，但云「臣問於來使」，來使當然不能不作模稜之語，所云「今則去叔字」，似亦是所答非所問。單憑此一條問答，似仍未能完全證明無下嫁之事，只能證明在詔敕官書與使節辭令中，無太后下嫁之文而已。鄙意絕非輕信傳說，終嫌「皇父」之稱，但不能視為與「尚父、仲父」一例。

心史先生複函，詞鋒犀利，以為：

夫以國無明文之曖昧，吾輩今日固無從曲為辯證。但中冓之言，本所不道，辯者為多事，傳者亦太不闕疑。此為別一事，不入鄙作考實之內。唯因攝政王既未婚於太后，設有曖昧，必不稱皇父以自暴其惡。故知公然稱皇父，既未下嫁，即亦並無曖昧也。

如心史先生所言，我談此段即是「多事」，但「不做無益之事，何以遣有涯之生」，世事真相，常由多事而來。心史先生對多爾袞頗有好感，故確信其有完美的人格；而我的看法不然，如考證多爾袞與豪格爭權的真相，結論是多爾袞對皇位非不欲也，乃不能也，非如心史先生所說，多爾袞能「自守臣節」。至謂多爾袞與孝莊若有曖昧，「必不稱皇父以自暴其惡」，此是以「君子」之心度「小人」之腹；多爾袞沒有讀多少漢文，於名教禮義，並無多大了解，何嘗以為與太后有曖昧即為惡行？倘非如此，何至於殺胞侄而又霸占侄媳？彭長庚比多爾袞為周公，濟爾哈朗駁之云：「多爾袞圖肅親王元妃，又以一妃與英親王；周公曾有此行乎？」如此悍然無忌的亂倫，難道不是「自暴其惡」？

複次，關於孝莊別葬昭西陵一事，尤出情理之外。《太后下嫁考實》云：

孝莊崩後，不合葬昭陵，別營陵於關內，不得葬奉天，是為昭西陵。（太宗葬盛京西北十里隆葉山，名昭陵；孝莊葬關內，在盛京之西，故名昭西陵。）世以此指為因下嫁之故，不自安於太宗陵地，乃別葬也。《孝莊后傳》，「後自於大漸之日，命聖祖乙太宗奉安久，不可為我輕動；況心戀汝父子（指順治、康熙），當於孝陵（按：順治孝陵，在遵化昌瑞山，後總稱東陵）近地安厝。」世說姑作為官文書藻飾之辭，不足恃以折服橫議。但太宗昭陵，已有孝端合葬；第二后之不合葬者，累代有之……不能定為下嫁之證。

這話不錯，但心史先生不言孝莊葬於何時，似不免有意閃避。我之所謂「尤出情理之外」者，康熙年間，始終未葬孝莊。

自此而始，到康熙上賓，孝莊梓宮始終浮厝於世祖孝陵之南；直至雍正三年二月十二日，世宗服父喪二十七個月，「祫祭太廟，釋服即吉」時，才動工興修昭西陵。《雍正實錄》載祭告文曰：

欽惟孝莊文皇后，躬備聖德，貽慶垂庥，隆兩朝之孝養，開萬世之鴻基，及大漸之際，面諭皇考，以昭陵奉安年久，不宜輕動，建造北城，必近孝陵。丁寧再三，我皇考恭奉慈旨。二十七年四月己酉，上啟鑾奉大行太皇太后梓宮詣山陵，辛酉奉安大行太皇太后梓宮於享殿。甲子，上詣暫安奉殿內恭視大行太皇太后梓宮；封掩畢，奠酒慟哭，良久始出。

為什麼三十八年不葬？且先看《康熙實錄》在孝莊崩後不久的一道上諭：

伏思慈寧宮之東，新建宮五間，太皇太后在日，屢曾向朕稱善，乃未及久居，遽爾升遐。今於孝陵近地，擇吉修建暫安奉殿，即將此宮拆運於所擇吉處，毋致缺損。著揀選部院賢能官員往敬謹料理。天氣甚寒，務期基址堅固，工程完備。爾等即傳諭行。

慈寧宮在養心殿之西，乾隆十六年曾經重修，所以原來「新建宮五間」的遺址，已無跡可尋。又《康熙實錄》：

擇地於孝陵之南，為暫安奉殿，曆三十餘年。我皇考曆數綿長，子孫蕃衍；且海宇升平，兆人康阜，胤禎祇紹不承，夙夜思維，古合葬之禮，原無定制，神靈所通，不問遠近；因時制宜，唯義所在。即暫安奉殿，建為昭西陵，以定萬年之宅兆。

據此可知，昭西陵之名，是到了雍正三年才有的。在康熙年間，並未為孝莊修陵。中國傳統的喪禮，「入土為安」；康熙三十多年不葬祖母，這一層道理，始終是說不過去的，然則其有迫不得已的隱衷，灼然可見。

康熙之孝順祖母，不獨自有帝皇以來所未有，即平常百姓家亦罕見，但細參實錄，輒有微覺不近人情之感，如孝莊崩後，必欲於宮中獨行三年之喪；以及康熙二十八年歲暮，去孝莊之崩將近兩年，三年之喪以二十七個月計算，亦將屆滿，而趙執信、洪昇竟因「非時演劇」被斥逐（《柏台故事》），處分過苛，與康熙的個性不符等，予人的感覺是，純孝之外，似乎康熙對祖母懷有一份非常濃重的咎歉，渴思有所彌補。

這份咎歉，實即康熙不可告人的隱痛。然則他的隱痛是什麼？是孝莊絕不可與太宗合葬；而所以造成不可合葬的原因，在於安太宗之遺孤、存太宗之血食。孝莊不獨無負於太宗，且當為太宗諒解及感激於泉下；但格於世俗禮法，竟不得與太宗同穴，自為莫大之委屈，且此委屈又不得有片言隻字的申訴，則在孝莊實負不白之奇冤。康熙知其故而不能言；貴為天子，富有四海，權力可以決定任何人的生死貴賤，獨獨對祖母的奇冤，無法昭雪，則康熙隱痛之十百倍於常人，亦可想而知。

這到底是怎麼回事呢？多爾袞固曾祔廟上謚，稱「成宗義皇帝」；生前雖無稱帝之名，而有為帝之實，應亦可算作「清朝的皇帝」之一。

蔣氏《東華錄》順治七年八月載：

上孝烈武皇后尊謚曰「孝烈恭敏獻哲仁和贊天儷聖武皇后」，祔享太廟，頒詔大赦。內閣舊檔：「奉天承運皇帝詔曰：徽音端範，飭內治於當年；坤則貽庥，協鳴名於萬禩。典章具在，孝享宜崇。欽惟皇祖妣皇后，先贊太祖，成開闢之豐功；默佑先皇，擴纘承之大業。篤生皇父攝政王，性成聖哲，扶翊眇躬，臨御萬方，溯重闈之厚德；敉寧兆姓，遵京室之遺謀。慶澤洪被於後昆，禮制必隆於廟祀。仰成先志，俯順輿情，於順治七年七月二十六日，祗告天地……」

此孝烈皇后即太祖的大妃、多爾袞的生母，以逼殉之故，謚之曰「烈」。

按：「孝烈皇后」祔享太廟，頒詔大赦，既稱「皇祖妣皇后」，又稱「篤生皇父攝政王」，則是世祖竟視多爾袞為父，為太上皇。此為傳說「太后下嫁」的由來。我不信有此說的原因如下。首先，以情理而論，孝莊絕不會主動表示要嫁多爾袞；若有此事，必是多爾袞逼嫁。然則多爾袞逼嫁孝莊的目的何在？倘因情之故，自當體諒孝莊的處境，絕不可出此令天下後世譏笑的怪事；若以為太后下嫁，多爾袞便成皇帝的繼父，而獲「皇父」之稱，則何不索性自立，既立而納孝莊，豈不比逼嫁更為省事？

其次，倘謂太后下嫁而有恩詔，則「謄黃」必遍及於窮鄉僻壤，遺民的詩文中一定會有記載，必不致於只有張蒼水那兩首詩的一個「孤證」。

然則「皇父」之稱又何自來？多爾袞為什麼要用這種奇特的方式？我的推論是，世祖可能為多爾袞的私生子。而當太宗既崩，多爾袞大權在握，尤其是「一片石」大敗李自成，首先入關，占領北京，清朝天下可說是多爾袞打成功的，如心史先生所說，「清入關創業，為多爾袞一手所為」，能為帝而不為，「以翼戴沖人自任」者，我有一個解釋：由此而確立父死子繼的皇位繼承制度。

　　此話怎講？不妨先回溯太祖崩後的情況：太祖遺命，國事「共主」；太宗初期亦確是如此。後以代善父子擁立而定於一尊，基本上是違反太祖遺命的。如果多爾袞廢世祖而自立，那就形成了兄終弟及的局面，將來誰能取得皇位，視其功勞地位而定。同時他亦無子可傳。但如「翼戴沖人」，則父死子繼的制度可以確立不移；他本人雖未稱帝，不過由於世祖實際上是他所生，那麼，子子孫孫皆為清朝的皇帝了。這就跟明朝的帝系由孝宗轉入興獻帝的情況一樣。照中國傳統的傳說，子孫上祭，冥冥中只有生父可享，所以多爾袞不做皇帝，反能血食千秋。

光緒當年不肯入洞房之謎

根正

　　根正是葉赫那拉氏的後人，慈禧太后是他祖爺爺的姐姐。他從幾個方面講述了光緒與慈禧一些不為人知的故事……

大家都知道慈禧小時候叫做玉蘭，而在我們家族裡，管慈禧叫做杏兒。後來慈禧入宮，她又有了其他的名號。我們時常可以見到「慈禧端佑康頤昭豫莊誠壽恭欽獻崇熙皇太后」的字句，既不像頭銜，又不是詩句，讀起來頗為艱澀，這正是慈禧太后生前所得的徽號和尊號。

清廷自從進京後，一直沿用的是中原歷代宮廷的舊制，也有上尊號、徽號、諡號的規定。入關後，登基的時候也稱為皇帝，就是上尊號，以後不再加其他的稱號，到死後再加上諡號。新皇帝登基尊稱母親為母后，尊前代的皇太后為太皇太后，都是上尊號。另外，遇到朝廷大慶的日子，還要多給皇太后在尊稱上再加一些美好的辭彙，稱徽號。

慈禧獲得尊號的時間是咸豐十一年（1861年）七月，時年二十七歲。這一天，咸豐皇帝去世，他的兒子載淳繼位的時候，慈禧與皇后同時被尊為皇太后。實行垂簾聽政後，慈禧在同治元年（1862年）上徽號為「慈禧」。

此後，同治十一年（1872年）的十月，因為同治皇帝載淳大婚，慈禧又加上徽號「端佑」二字。第二年的二月，因為載淳親政，慈禧的徽號又加上「康頤」二字。同治十三年（1874年）十一月十五日生病，寫下「朕於本月遇有天花之喜」，仰蒙西太后「調護朕躬，無微不至，並荷慈懷曲體俯充，將內外各衙門章奏代為披覽裁定，朕心實深欣感」。因此決定給兩宮皇太后各加上徽號兩字。

到了光緒二年（1876年）七月，因為新的皇帝即位，所以兩個太后繼續垂簾聽政，連同上次給兩太后各上的徽號，一共四字。慈禧的號上又加了「昭豫莊誠」。光緒十五年（1889年）二月，因為光緒帝大婚並歸政，徽號上又加了「壽恭」二字。到了這一年的三月，光緒親政，又加上「欽獻」二字。光緒二十年（1894年）八月，因為慈禧的六十大壽到了，所以又加上了「崇熙」二字。

而光緒在其年號三十四年（1908年）十月的時候病死，溥儀繼位，慈禧太后被尊為太皇太后。而誰也沒想到的是，溥儀繼位的第一天，慈禧就死了，所以光緒三十四年十月二十六日上尊謚，決定原徽號的十六字不動，並按照大清的慣例，前面加上「孝欽」，後面加上「配天興聖顯皇后」為謚號。所以這個時候慈禧的全稱為：「孝欽慈禧端佑康頤昭豫莊誠壽恭欽獻崇熙配天興聖顯皇后」。

到慈禧去世的時候，清朝的各代皇后（太后謚號也叫做皇后）的謚號全稱大都為十九字，有的還要少幾個，如慈安太后只有十七字，唯獨慈禧太后有二十五字。慈禧生前權力大過清朝的任何太后，而死後的謚號也以二十五個字獨居首位。

咸豐可能死於自殺，人們都說咸豐是死於咳血，這似乎成了一件人所共知的事情。但真實情況是怎樣的呢？我爺爺聽他父親說過這件事。爺爺說：當年咸豐帶著慈安和慈禧以及同治逃到熱河的時候，又驚又怕。但是作為一個男人，作為一個當朝的皇上，這種情緒是不能被外人知道的。據說開始出逃的時候，咸豐已經有病了，加上一路顛簸勞累，很快病就重了。因為當時有太醫跟著，所以也靠一些藥維持著。

後來到了承德，他還是放不下北京的情況，心裡非常緊張。因為一旦紫禁城被洋人攻進去了，他這個皇上就不是皇上了。而當時朝廷裡也沒什麼可以倚仗的大臣能為他解決這件事情。於是，他只好醉生夢死，整天花天酒地，以此來「調整」近乎崩潰的心態。

但即便是這樣，他還是經常睡不著覺，一閉眼睛就做噩夢。他也知道這樣下去不是辦法。但是懦弱無能的他並沒有積極尋求解決的辦法。他也沒有按照太醫給他的方子吃藥，而是開始自己配藥，他說吃哪種藥，太醫必須馬上為他配。可是咸豐根本不懂得藥性，因此很快發展到了奄奄一息的地步。這個時候他召集身邊的人，想立遺囑。但是慌亂之間，一時想不出什麼話來。這時正好慈禧帶著同治進來，問他繼嗣的情況，他就指著身邊的同治說：「當然是他來繼承。」但一個未成年的孩子能做什麼啊？而這個時候慈安和慈禧都非常年輕，於是他又對跟隨他一起逃到承德的八大臣說，以後請他們作為輔政大臣，輔助同治渡過難關。

說完這些話，咸豐顯然不行了。等這些人退下之後，咸豐又讓太醫馬上給自己煎藥。他的藥主要以鹿血為主，此時他竟然讓太醫一下煎了三碗。等太醫退下後，他一口氣全部喝光，實在是蹊蹺。咸豐吃完這三碗藥就死了，大臣和太醫趕到時他早就沒了氣息。所以我爺爺一直認為，咸豐是自殺的。

關於咸豐遺囑這件事，後人有很多傳說。人們說：當年咸豐給了慈安一份詔書，讓她在慈禧膽大妄為的時候，拿出這個詔書來降服慈禧。慈禧知道這件事後，就假意和慈安搞好關係，慈安深受感動，最後把詔書燒了。

實際上這完全是後人編造的。我從小就聽爺爺說過，慈禧與慈安年輕時非常好，沒有任何矛盾。慈安這人心胸很寬闊，也很賢慧，不像慈禧有點男人的個性。爺爺說，慈安的死主要是因為她自身多年患心臟病，那時叫心疼病。聽說她娘家鬧了點矛盾，慈安非常生氣，導致心臟病發作而死，也就是現在說的「猝死」。

光緒的皇后隆裕是慈禧弟弟桂祥的二女兒，也是我爺爺的親姐姐。所以在爺爺的描述過程中，這件事情的具體情況大體是這樣的：當年慈禧把隆裕嫁給光緒皇帝，主要是效仿前朝的孝莊皇后。當年孝莊皇后生了順治皇帝，於是她把她娘家哥哥的女兒指婚給了順治。爺爺說，在清朝，帝后婚姻中一直保留了一些落後的婚俗，諸如姑表親婚、婚姻不拘行輩等。

屬於姑表親婚的，多是皇太后侄女嫁給太后所生皇帝，即皇帝與自己的表姐妹成婚。按照當時的情況，親上加親是非常不錯的一段婚姻。但是誰都改變不了一個事實，那就是隆裕比光緒大三歲，是光緒的表姐。

說起光緒和隆裕的童年，家裡的大人們都知道。在我爺爺後來的說法中，這兩個人從小就在一起玩，隆裕作為姐姐，對光緒特別照顧，就像對待自己的親弟弟一樣。當年光緒剛剛進宮的時候，每次隆裕到宮裡去也都去看他。光緒也對這個表姐有著說不完的話，兩人經常一聊就是好長時間，氣氛也非常融洽。可是這兩個人誰都沒想到，最後慈禧將隆裕指給光緒。在光緒看來，隆裕本來是自己的表姐，忽然間就變成自己的皇后，非常接受不了：作為姐姐，隆裕長什麼樣光緒都不會嫌棄，可是作為自己的皇后，誰都想找一個漂亮點的。

光緒心裡非常憋悶，大婚以後好長時間心裡不痛快，不跟皇后同床。據後來隆裕對我爺爺說，當時在洞房裡，心情壞到極點的光緒一下撲在表姐隆裕的懷裡，號啕大哭，並對隆裕說：「姐姐，我永遠敬重你，可是你看，我多為難啊。」爺爺說，這樣大概過了半年的時間，光緒一直心灰意冷，對皇后和兩位妃子都非常冷淡。但是在後來的接觸中，突然發現珍妃不是一般的人，非常聰明，並且有政治遠見，非常符合他的一些想法，所以光緒就非常喜歡珍妃。

在這個過程中，慈禧也發現珍妃的確是一個非常聰明漂亮的人，一時之間，好像找到了自己年輕時候的影子，慈禧也想利用珍妃的能力和光緒對珍妃的喜愛，去做光緒的工作，達到「母子」政治上的一致。但是慈禧沒想到，珍妃在接受了她的旨意後，和光緒聊天的時候竟然撞出了火花。因為珍妃的父親跟許多外國使節的關係非常好，她從小就接受了很多西方的思想。

偏偏隆裕是個舊時代的女人，學的是賢淑之道，欠缺的是政治遠見，比起珍妃來就差得更多了。這樣一來，慈禧不但沒促成光緒和隆裕，反而更讓光緒冷落了隆裕。在這種情況下，珍妃曾經懷過孩子。但是就在珍妃懷孕大約三個月的時候，她和光緒與慈禧之間的關係變得更加不好：珍妃頂撞了慈禧，於是慈禧就派人打了珍妃。光緒一看情況不妙，馬上給慈禧跪下，並且告訴慈禧，珍妃已經懷孕了。

這消息當然不是慈禧期望的，因為當年把隆裕嫁給光緒的時候，還在懿旨中講明：「他們的兒子就是將來皇位的繼承人。」希望以此達到她「把大清皇帝的血統與自己家族葉赫那拉氏緊緊聯繫在一起」的目的。

珍妃由於懷孕被打，最後又驚又嚇就流產了。後來慈禧又因為一些事情，把珍妃打入了冷宮，一直到慈禧出逃，珍妃死亡。

百年疑案解密：光緒死於砒霜中毒

東方

十一月三日，很多媒體都關注了一件百年前的「命案」。一百年前的那個秋天，清光緒帝和慈禧太后在二十二個小時之內相繼死亡。光緒的死因一直被視為近代史的一個謎案。

通過運用先進的技術手段，對光緒的頭髮、遺骨以及衣服和墓內外環境樣品進行分析，在經過五年的反覆核對總和研究之後，十一月二日，國家清史編纂委員會、北京市公安局法醫中心等單位舉行清光緒帝死因研究工作報告會，正式宣布：光緒死於急性砒霜中毒。一段糾纏了百年的光緒死因之謎，就此破解……

那麼，誰是兇手，歷史真相又是怎樣的呢？

西元一九〇八年十一月十四日（光緒三十四年十月二十一日）的傍晚，北京中南海瀛台涵元殿內，史上著名的「傀儡」皇帝，三十八歲的光緒悲涼地撒手人寰。第二天下午，掌控晚清政權達半個世紀之久的慈禧太后也死在中南海儀鸞殿內，終年七十四歲。消息傳出，震驚海內外。那些逃亡海外的保皇黨，一邊為光緒弔喪，一邊大肆聲討慈禧太后與袁世凱，指責他們是謀害光緒的主犯；國內許多人也狐疑滿腹，流言紛紛。然而，猜疑歸猜疑，流言歸流言，誰也無法提供光緒被害的確鑿證據，因此，光緒的死因成為歷史上一個無法破解之謎。

百年疑案

各種版本的謀殺說

光緒與慈禧先後死去，相距不到一天。這一「巧合」使得流言四起，謀殺之說不脛而走。「德宗（光緒）先孝欽（慈禧）一日崩，天下事未有如是之巧。外間紛傳李蓮英與孝欽有密謀，予遍詢問內廷人員，皆畏罪不敢言。」（胡思敬《國聞備乘》）逃到海外的保皇黨人則說慈禧與袁世凱是主謀，嚴詞聲討。

惲毓鼎是翰林院侍讀學士、起居注官，長期陪侍光緒皇帝。他在《崇陵傳信錄》中記載的一則親歷故事很有名：光緒三十四年十月初十日（即光緒死前十一天），慈禧生日，光緒率百官賀壽、探病，他扶著太監的肩頭活動筋骨，以便跪拜。但慈禧竟拒絕和光緒見面。「時太后病泄瀉數日矣，有譖上者謂帝聞太后病，有喜色。太后怒曰：『我不能先爾死。』」清亡後，民國二年，惲毓鼎在《澄齋日記》中進一步說：「清之亡，雖為隆裕（光緒的皇后），而害先帝，立幼主，授載灃以重器，其禍實歸於孝欽也。」

曾經陪侍慈禧太后多年的德齡認為，光緒之死，是在慈禧同意下，李蓮英下的毒。「（李蓮英）想與其待光緒掌了權來和自己算帳，還不如自己先下手為好。」（《瀛台泣血記》）

溥儀則記述過一個老太監的話：「照他說，光緒在死的前一天還是好好的，只是因為用了一劑藥就壞了。後來才知道這劑藥是袁世凱使人送來的。」（《我的前半生》）

此外，還有多種書籍記載了光緒暴亡前身體如常，病情沒有加重的跡象。名醫屈桂庭則說光緒死前三天「在床上亂滾」，「向我大叫肚子痛得了不得」，且「面黑，舌焦黃」，「此系與前病絕少關係」（《診治光緒帝秘記》）。而光緒入殮也一反常規地由宮內太監辦理，諱莫如深。

依據脈案可靠嗎？

種種疑團，種種證詞，使得大多數人長期以來都相信謀殺說。但是二十世紀八〇年代以後，清史研究更加重視清宮檔案。歷史學家、檔案學家、醫學家合作，仔細研究光緒的脈案和藥方，得出的結論是光緒一生體弱，久治不愈，加上慈禧刻意虐待，竟至不得溫飽，而心情抑鬱也會加重病情。因此他是正常死亡，並非被謀殺。

「詳考清宮醫案，用現代醫學的語言來說，光緒是受肺結核、肝臟、心臟、風濕等慢性病長期折磨，致使身體的免疫力嚴重缺失，釀成了多系統的疾病，最終造成心肺功能衰竭，合併急性感染而死亡。」（馮伯祥《清宮檔案揭秘光緒之死》）一九八〇年清理並重新封閉崇陵之時，曾簡單檢測過光緒的遺骨，也沒有發現外傷或中毒的痕跡。

著名清史學家戴逸先生認為：「對這些脈案、藥方，也要謹慎從事，考察它是什麼環境條件下形成的。」如許指嚴的《十葉野聞》就記載了江蘇名醫陳蓮舫為光緒治病的情況，「醫官不得問病，太后乃代述病狀，皇帝時時頷首，或說一二字以證實之……聞太后命診脈，陳則舉手切帝脈，身仍跪地上，據言實茫然未知脈象，虛以手按之而已。診畢，太后又縷述病情，言帝舌苔若何，口中喉中生瘡如何，但既不能親視，則亦姑妄聽之而已」。如果「脈案」不過是記錄慈禧的話，又能在多大程度上反映光緒的病情呢？

當時的著名詩人陳衍則說：「德宗久病未愈，徵醫各省，處方有效則後怒。」（《凌霄一士隨筆》）難道慈禧是刻意造成光緒病重的事實及輿論？

光緒屬自然死亡這一觀點，儘管有人存疑，但還是被廣泛接受了。不過，約在二〇〇五年，兩則新史料又引起了研究者對謀殺說的興趣。一則是據啟功先生回憶，他的曾祖父溥良（任禮部尚書）曾看見一個太監端著一碗「塌喇」（滿語，優酪乳），說是慈禧賞給光緒的，送去後不久光緒就駕崩了。另一則材料來自日本，說外務部右侍郎伍廷芳在一九〇四年（皇帝、太后死前四年）就對日本公使內田康哉「預言」，光緒必定會死在慈禧之前。「伍話中之意，皇太后駕崩誠為皇上身上禍起之時。今圍繞皇太后之宮廷大臣，及監官等俱知太后駕崩即其終之時。於太后駕崩時，當會慮及自身安全而謀害皇上。此時，萬望能以我守備兵救出皇帝。」（孔祥吉、村田雄二郎：《罕為人知的中日結盟及其他》）

其實，在更早的二〇〇三年，一些並不通曉清史的人，採用了一種與查考史料截然不同的研究方法，要來破解光緒的死亡之謎——一切都從皇帝的頭髮開始。

百年查毒

頭髮記錄的歷史光緒帝及隆裕皇后的葬身之所崇陵在一九三八年被很「專業」地盜掘了。一九八〇年有關部門對帝、後的棺槨進行清理並重新封閉，光緒的若干頭髮、遺骨與衣服被移出，一直保存在清西陵文物管理處的庫房，二十多年從未被檢視翻動過，也就是說，除了自然損耗，基本沒有其他因素的干擾，這對將要進行的「百年查毒」非常重要。

頭髮參與人體代謝，並能記錄特定時期人體積蓄的某些元素資訊。一般成年人的頭髮，一個月生長約一釐米，也就是說，一釐米頭髮可反映出人體內約一個月的新陳代謝史。

二〇〇三年，研究者採集了光緒帝的兩小縷頭髮，將它們按照國際原子能機構推薦的方法清洗，自然晾乾，剪切成一釐米長的截段，逐段分析其中的元素含量。檢測結果顯示：光緒帝的兩縷頭髮中含有高濃度的元素砷（As），且各截段含量差異很大。

砷在自然界分布很廣，多以硫化物和氧化物形式存在，像雄黃（二硫化二砷）、雌黃（三硫化二砷）等，而鼎鼎大名的莫過於三氧化二砷——砒霜，劇毒的砷化合物。砷可能是人體必需的微量元素（正常人每天的攝入量約為二十微克以下），但過量的砷會使人中毒甚至死亡。

研究者將光緒帝頭髮中的砷含量，與精心選擇的物件進行了一系列對比實驗及模擬實驗。結果顯示：

光緒兩縷頭髮中砷含量的最高值（2404微克／克，一微克等於10^{-6}克）遠遠高於當代人，而且是清末草料官的一百三十二倍，是隆裕皇后的兩百六十一倍。

那麼，這樣異常的含量，會不會是受到周圍環境的影響呢？研究者前後兩次採集光緒棺槨內、墓內和清西陵陵區的環境樣品，分析表明：光緒頭髮中的最高砷含量是其棺槨內物品最高砷含量的八十三倍，是墓內外環境樣品最高砷含量的九十七倍。也就是說，頭髮上的高濃度砷並非來自環境的沾染。

研究者還將光緒的頭髮與當代慢性砷中毒患者的發砷進行了對比，是後者的六十六倍，砷含量分布曲線也截然不同。這就排除了光緒因長期服用藥物導致慢性砷中毒死亡的可能。

福爾摩斯說，排除了其他可能，剩下的就是真相——造成光緒頭髮上高含量砷元素這一異常現象的，只能來自他自己屍體的沾染。

遺骨和衣物傳達的秘密

二〇〇六年後，課題組決定擴大取樣分析範圍。由於不能開棺，就再次提取了光緒帝的頭髮殘渣物及散落的頭髮，並首次提取了光緒帝的遺骨及衣物，採樣嚴格按照規範的法醫開棺檢驗的方法進行。

光緒帝的頭髮上局部有結痂物狀的殘渣，砷含量明顯高於頭髮，說明它是光緒帝頭髮高含量砷的來源，而這些殘渣物的唯一來源只能是光緒帝的屍體。

屍體腐敗後，器官組織中的砷可能會沾染到骨骼上。在裝存光緒遺骨的瓶內碎屑、一塊肩胛骨和一塊脊椎骨上，也分別檢測到了高含量的砷，表明某些遺骨表面沾染了大量的砷，它們來源於腐敗的屍體。

光緒帝的衣物有五件。在三件較為完整的上衣中，胃腹部位均有多處腐蝕脫落形成的窟窿。檢測結果表明：大量的砷化合物曾存留於光緒帝屍體的胃腹部，屍體腐敗過程會進行再分布，有多個去向，並由裡向外侵蝕衣物。

於是結論出來了：光緒帝的骨骼、內層衣物及頭髮的高含量砷均來自其屍體胃腸內容物含砷元素的直接沾染。

還剩下一件事：判定毒物。

也就是說，光緒帝胃腸中致命的砷元素究竟來自哪種化合物。一系列分析、比較及小鼠實驗的結果是：砒霜。人口服砒霜六十至兩百毫克就會中毒死亡。因受條件限制，光緒帝屍體中的砒霜總量難以測算，但僅頭髮殘渣、內層衣物及其殘渣中的砒霜總量就高達約二〇一．五毫克，那麼他攝入體內的砒霜總量足以致死，應該沒有疑問。

砒霜中毒，這個小說家熱愛的情節，也殘酷地發生在一位皇帝身上……

科技手段向來是進入歷史的有效途徑。光緒帝死因的破解，涉及「中子活化」、「X射線螢光分析」、「原子螢光光度」、「液相色譜／原子吸收聯用」等一系列現代技術，並有大量的綜合分析和模擬實驗。戴逸先生認為：「這項工作走出了一條超常規之路，是運用現代科學技術和偵查思維解決歷史問題的成功嘗試。是自然科學研究與社會科學研究並肩合作的範例。」這一新結論也將推動清史研究的發展。

一九〇八年（光緒三十四年），瀛台囚徒光緒帝死於農曆十月二十一日酉時（下午五至七時），太后死於農曆十月二十二日未時（下午一至三時）。從那時起，關於光緒是被謀殺的說法就在流傳，而到了二十世紀八〇年代，史學界的研究卻推翻了這些「小道消息」，認定光緒常年體弱，是自然死亡。但如今，歷史再次拐彎。

從二〇〇三年起，一項名為「清光緒帝死因」的專題研究就已展開，研究者由中央電視台清史紀錄片攝製組、清西陵文物管理處、中國原子能科學研究院反應堆工程研究設計所、北京市公安局法醫檢驗鑑定中心四個單位的相關人員組成，並作為「國家清史纂修工程重大學術問題研究專項課題」正式立項。

二〇〇八年十一月二日，在北京京西賓館的會場，由鍾里滿、耿左車、王珂、張新威等十三人聯合署名的《清光緒帝死因研究工作報告》正式向外界公佈，宣告光緒帝系被砒霜毒殺，百年疑案這回似乎塵埃落定，但是，下毒真凶依舊是謎。

究竟是誰埋葬了北洋水師？

余嶽桐

清北洋水師曾經是一支「龍旗飄飄，威風八面」的艦隊，號稱亞洲第一，世界第六。尤其那有如「龐然大物」的七千六百七十噸的「定遠」、「鎮遠」兩艘鐵甲艦，堪稱是亞洲最具威力的海戰利器，日本海軍戰前對其曾是談「遠」色變。但是，一場甲午海戰，龍旗飄落，艦隊沉沒，留下的是揮之不去的歷史恥辱和深深的思考……

發生在一個多世紀前的甲午海戰一直是我中華民族引為恥辱的戰爭，單就軍事而言，甲午戰爭中最令人刻骨銘心的結局，莫過於龐大的北洋艦隊整體覆滅的同時，日方艦隊竟然一艘未沉。就此一點，任何經費短絀方面的探索、船速炮速方面的考證，以致對叛徒逃兵的聲討和對英雄壯烈的謳歌，在這個殘酷的事實面前皆成了蒼白無力的開脫。

就經費來講，清政府投入海軍的經費一點也不比當時日本少。北洋水師從一八六一年籌建到一八八八年成軍二十七年間，清政府一共投入海軍經費一億兩白銀，每年合計三百萬兩，占年度財政的四%至十%。日本政府從一八六八年到一八九四年三月二十六年間，共向海軍撥款九億日元，折合成白銀才六千萬兩，每年合計白銀兩百三十萬兩，相當於同期清政府對海軍投入的六十%。

就硬體裝備來言，無論從數量上看，還是從品質上看，北洋艦隊都不比日本聯合艦隊差。北洋艦隊的裝甲數量和品質都超過了日本聯合艦隊。當時，北洋水師與聯合艦隊鐵甲艦方面的數量比是6：1，中國遙遙領先；非鐵甲艦方面，8：9，日本略勝一籌。定遠號、鎮遠號的護甲厚十四寸，即使是經遠號、來遠號的護甲厚也達九．五寸。日本方面，即使威力最大的「三景號」艦，也缺乏北洋艦隊這樣較大規模的裝甲防護。而北洋艦隊的定遠、鎮遠兩艘鐵甲艦綜合了英國「英弗萊息白」號和德國「薩克森」號鐵甲艦的長處，各裝十二英寸大炮四門，裝甲厚度達十四寸，堪稱當時亞洲最令人生畏的鐵甲堡式鐵甲軍艦，在世界也處於領先水準。

就火炮而言，無論大口徑火炮，還是小口徑火炮，北洋艦隊均占優勢。兩百毫米以上大口徑的火炮，北洋艦隊與聯合艦隊的比例是26：11，我方遙遙領先；小口徑火炮方面，北洋艦隊與聯合艦隊的比例是92：50。只有中口徑火炮，日本稍稍領先，中日比例是209：141。就平均船速而言，日艦每小時比我艦快一．四四節，優勢似乎不像人們形容的那麼大。清朝政府正是基於這種力量對比，才毅然對日宣戰。

因此，僅從武器裝備、經費投入等方面來看，日本聯合艦隊要戰勝中國北洋艦隊是困難的。但結果卻是：龐大的北洋艦隊全軍覆沒，日本聯合艦隊一艘未沉！「巨額軍餉堆砌起來的一流海軍不經一戰，原因何在？」（國防大學戰略教研部副主任、教授金一南語）是誰埋葬了北洋水師？

一、失敗往往首先從內部開始

真正的戰爭，永遠發生在戰爭開始之前！失敗往往首先從內部開始。清政府沒落的專制體制，由此而產生的腐敗政治，進而在軍隊中形成的不良風氣：置民族國家利益於不顧，曲意取寵，一味迎合，追逐個人利益，平日好大喜功，訓練敷衍了事，演習弄虛作假，上下齊心協力搞歪門邪道，北洋海軍的政治素質、道德素質、心理素質、軍事素質低下，軍人缺乏敬業精神和職業意識等等，共同導致了北洋海軍的潰敗。

清政府的專制體制必然帶來政治和經濟的腐敗。在專制體制下，公私不分，朕即國家。老佛爺一個人的喜怒決定著一切。對個人的前途至關重要者，是等級出身，是對老佛爺以及上司的忠誠，是討老佛爺的歡心，討頂頭上司的歡心，並非個人的才華和正當的努力。這種體制限制了人們通過正當合法的途徑、靠真才實學獲取功名前程，鼓勵了人們溜鬚拍馬投機鑽營搞歪門邪道。往往是剛正之士失魂落魄，阿諛奉承之徒青雲直上。

從身居要位的歷屆海軍大臣，到北洋艦隊普通的一員，大家首先考慮的不是民族國家和軍隊的利益，而是個人的利害。久而久之，國家民族和軍隊的事情就蛻變為個人獲取利益的幌子招牌。上行下效，就會在全社會形成一種普遍的猥瑣和鄙俗的風氣，它們像瘟疫一樣毒化著軍隊。再強大的部隊，也難以抵禦這種腐敗的侵蝕。

先看一下總理海軍事務大臣醇親王奕譞。他是光緒帝的生父。多年來，他考慮最多的不是海軍的發展，而是其子（光緒帝）的安危。光緒尚未繼位時，他曾經為太后重修圓明園之事兩次上疏，兩次廷辯，不惜失去官爵，在同治面前「面諍泣諫」，淚流滿面地叩頭申辯不已。但當其子被立為皇帝之後，他就開始千方百計討太后歡心，挖空心思挪用海軍經費修園。他要用滿足慈禧一切心願的方法實現自己的心願。騰挪經費造一個園子，既了卻了太后的夙願，討得了太后的歡心，也讓慈禧早日住進去「頤養天年」，讓實際權力早日轉移到其子光緒帝手中。這是一種既赤裸又深藏的交換，以海軍換取光緒帝親政。

至於海軍的發展，哪有「閒心」顧及！隨著滿族中央政權的衰弱，漢族官僚李鴻章等人紛紛崛起。他們辦洋務、興局廠、練新軍，轟轟烈烈。在相當一部分滿清權貴們看來，北洋水師就是李鴻章的個人資本。李鴻章兵權益盛，禦敵不足，挾重有餘，不可不防。因此，朝臣們為了削弱李鴻章，不惜削弱北洋海軍！限制北洋海軍就是限制李鴻章，打擊北洋海軍就是打擊李鴻章。

戶部尚書翁同龢，以太后修園為藉口，連續兩年停止發放海軍裝備購置費，以限制李鴻章。後來恭親王失勢，李鴻章失去台柱，更加力單勢薄。他不得不面對一個全新的政治考慮：與醇親王以及各位滿族朝臣和好，滿足醇親王挪用海軍經費（實際上削減海軍實力）的要求。總理海軍事務大臣奕譞醇親王欲以海軍換取光緒帝的早日親政，會辦海軍事務大臣李鴻章則欲借海軍重新獲得一片政治庇蔭。就是這樣一些人在掌握著北洋海軍的命運！

大家結黨營私，蠅營狗苟，誰也不會將全付精力投入海軍建設，更不要說全付財力了。一八八八年北洋水師成軍以後，軍費投資就越來越少。海軍只是他們各自政治角逐中的籌碼，誰還真正為海軍的發展考慮？

二、上行、下效

在這種體制中，大多數人都暗中削其銳氣，按照狗才的標準來規約自己的言行，並積極為做一個取悅上司的「創造性的狗才」而努力。在這種體制中的民族、國家和軍隊，縱有銅牆鐵壁，最終也會被摧毀；縱有匹夫之勇，終究無力回天。

多種資料證明，北洋水師一八八八年成軍以後，軍風被各種習氣嚴重毒化。當時的

《北洋海軍章程》有規定，總兵以下各官，皆終年住船，不建衙，不建公館。可一旦教練琅威理離開，操練盡弛。自左右翼總兵以下，爭挈眷陸居，軍士去船以嬉。提督丁汝昌則在海軍公所所在地劉公島蓋鋪屋，出租給各將領居住，夜間住岸者，一船有半。而作為高級統帥的李鴻章，也對這種視軍紀章程為兒戲的舉動，睜一隻眼閉一隻眼。直到對日宣戰前一天才急電丁汝昌，官兵夜晚住船，不准回家。有備才能無患，而這樣的軍隊如何打仗？

章程同樣規定不得酗酒聚賭，違者嚴懲。但定遠艦水兵在管帶室門口賭博卻無人過問，甚至提督也置身其間。某洋人偶登其船，見到海軍提督正與巡兵團同坐而鬥竹牌。滿清兵部所定《處分則例》規定，官員宿娼者革職。可一旦北洋封凍，海軍歲例巡南洋，率淫賭於香港和上海。識者早憂之。在北洋艦隊最為艱難的威海之戰後期，來遠、威遠被日軍魚雷艇夜襲擊沉的那夜，來遠號管帶邱寶仁、威遠號管帶林穎啟就登岸逐聲妓未歸。靖遠號中炮沉沒時，管帶葉祖珪已先離船在陸。

官員不能以身作則，軍紀就失去了效益。士兵即使遵守紀律服從命令聽指揮，也是出於無奈和應付，不會自覺和真心實意。規章制度形同虛設。這樣，嚴明的表面掩蓋著的是一盤散沙，全然沒有集體凝聚力和戰鬥力。當時，北洋軍艦上也實行「責任承包制」，公費包幹，管帶負責，節餘歸己。因此，各船管帶平時把經費用在個人前途的「經營」和享樂，無暇對船隻進行保養和維修。致遠、靖遠二艦截門橡皮年久破爛，一直未加整修，兩艦中炮後速即沉沒。英國遠東艦隊司令斐利曼特大發感慨：「中國水雷船排列海邊，無人掌管，外則鐵鏽堆積，內則穢汙狼籍；使或海波告警，業已無可駛用。」

打仗用的艦船不但不保養備戰，反而為了個人私利挪作他用。軍隊參與走私，艦船常年不作訓練，這已不是海軍的個別現象。公家的艦船成為私人的財產：南洋號、元凱號、超武號兵船，僅供大員往來差使，並不巡緝海面。北洋以軍艦走私販運，搭載旅客，為各衙門創收，為自己賺取銀兩。

在這種體制下，大家都唯利是圖，結黨營私，想方設法，捷足先登。當時的海軍大半是閩人。閩人之首劉步蟾則被人們稱為實際上之提督。真正的水師提督、淮人陸將丁汝昌孤寄群閩人之上，遂為閩黨所制，威令不行。甚至在黃海之戰後，有若干命令，全體船員故意置之不理，提督空有其名，令行禁止等於空話。劉步蟾等人還糾集閩人，驅逐督操嚴格的教練琅威理。即使廣東督帶鄧世昌也遭劉步蟾等閩黨嫉恨：致遠戰酣，閩人相視見死而不救。結黨營私的本領真是天下第一！

由於只對上、對個別掌握著自己升遷的權勢負責，而無須對下、對民族國家負責，因此，欺上瞞下，蔚然成風。平日裡訓練，弄虛作假，層層欺騙，邀功請賞。平日演練炮靶、雷靶，唯船動而靶不動。每次演習打靶，總是預先量號碼數、設置浮標，遵標行駛，碼數已知，百發百中。平日操練演習，不過虛張聲勢，取悅上司，應付視察，欺世盜名，以圖加官進爵。不明真相者還以為自己強大無比、不可戰勝呢！

還有一件事情無法解釋：北洋水師發展到一八九四年大閱海軍時，定遠、鎮遠兩艘鐵甲艦主炮的戰時用彈僅存三枚（定遠一枚，鎮遠兩枚），只有練習用彈庫藏尚豐！對此，李鴻章不是不知：「鴻章已從漢娜根之議，令製巨彈，備戰鬥艦用」，但最終因為他「個人」內外交困，忙於政治周旋，因此正事一直沒有落實。戰爭隨時都有爆發的可能！軍人時刻應該把戰爭放在首位，積極備戰。但大戰一觸即發，卻不見劉步蟾、林泰曾二管帶向丁汝昌報告，也不見丁汝昌向李鴻章報告。為什麼會有如此巨大的不可容忍的致命疏忽？責任誰來負？即使有人來負，又有誰負得起？

這樣一支軍隊，這樣一種軍紀和作風，這樣腐敗和糜爛，一旦打起仗來，如何不敗？

三、戰時亂作一團

先看佈陣。當戰場不再是操演場時，面對逼近的敵艦，北洋艦隊首先佈陣就陷入混亂。丁汝昌的命令是各艦分段縱列，擺成犄角魚貫之陣。而到劉步蟾那裡竟然變成了「一字雁行陣」。而實際戰鬥時的隊形卻又變成了「單行兩翼雁行陣」。短時間內陣形如此變亂，說明了什麼？即使如此勉強的陣形也沒有維持多久，待日艦繞至背後時，清軍陣列始亂，此後即不復能成形。

再看開戰。戰爭一開始，平日缺乏訓練的官兵在有效射距外慌忙開炮，定遠艦劉步蟾指揮首先發炮。首炮非但未擊中目標，反而震塌前部搭於主炮上的飛橋。丁汝昌和英員泰萊皆從橋上摔下，嚴重受傷。一炮之始北洋艦隊就失去了總指揮！

這場命運攸關的海戰持續四個多小時，北洋艦隊自始至終幾乎在無統一指揮的狀態下分散作戰。劉步蟾、林泰曾二位總兵，無一人挺身而出替代丁汝昌指揮。在戰鬥將結束時，才有靖遠艦管帶葉祖珪升旗代替旗艦，而升起的卻是一面收隊旗！——收攏指揮殘餘艦隻撤出戰鬥而已。再勇敢的士兵，無人指揮，又有何用？這就是平日嚴陣以待、訓練有素的艦隊？

再看戰場撕殺。激戰中落伍的日艦「比睿號」冒險從我艦群中穿過，來遠艦在相距四百米距離時發射魚雷，未中。日本武裝商船「西京丸」經過定遠艦時，定遠艦向其發四炮，又有兩炮未中。福龍號魚雷艇趕來向其連發三顆魚雷，最近的發射距離為四十米，竟也無一命中！平日裡演習不是百發百中嗎？李鴻章不是誇耀北洋海軍「攻守多方，備極奇奧」、「發十六炮中至十五」嗎？戰場上只有由硬體和軟體聯合構成的實力，沒有虛假和僥倖！黃海海戰中，日艦平均中彈十一．一七發，而北洋各艦平均中彈一百零七．七一發。日艦火炮命中率高出北洋艦隊九倍以上！

對軍人來說，很多東西僅憑戰場上的豪壯是不能獲得的。往往最為輝煌的勝利，孕育在最為瑣碎枯燥、最為清淡無味的平日訓練中！

四、層層謊報軍情

軍隊平日腐敗，戰時必然要付出高昂代價。力圖隱瞞這一代價，就要借助謊報軍情。這也是北洋海軍的一個特點。

豐島海戰，廣乙號沉沒，濟遠號受傷，北洋海軍首戰失利。但丁汝昌報李鴻章「風聞日本提督陣亡，『吉野』傷重，中途沉沒」。

黃海海戰，丁汝昌跌傷，艦隊失去指揮，本因我方在有效射距外倉促開炮，震塌飛橋，奏報卻成為「日船排炮將定遠望台打壞，丁腳夾於鐵木之中，身不能動」！丁汝昌還向李鴻章報稱「敵忽以魚雷快船直攻定遠，尚未駛到，致遠開足機輪駛出定遠之前，即將來船攻沉。倭船以魚雷轟擊致遠，旋亦沉沒」。實則日方艦隊中根本沒有魚雷快船！致遠在沉沒前也未曾「將來船攻沉」！此戰北洋海軍損失致遠、經遠、揚威、超勇、廣甲等五艦，日艦一艘未沉。李鴻章卻電軍機處「我失四船，日沉三船」。

一場我方損失嚴重的敗仗，卻被丁、李二人形容為「以寡擊眾，轉敗為功」；而且「若非濟遠、廣甲相繼逃循，牽亂全隊，必可大獲全勝」。清廷也以為「東溝之戰，倭船傷重」，「鄧世昌首先沖陣，攻毀敵船」，「沉倭船三隻，餘多受重傷」，給予大力褒獎。一時間除參戰知情者外，上上下下多跌進自我安慰的虛假光環之中。不能戰，以為能戰；本已敗，以為平，或以為勝！北洋報沉的日艦後又出現在圍攻威海的日艦行列中。但直至全軍覆滅那一天，清軍謊報軍情未曾中止。

一八九四年十一月，鎮遠艦在歸威海港時為避水雷浮標，誤觸礁石，「傷機器艙，裂口三丈餘，寬五尺」；管帶林泰曾見破損嚴重難以修復，深感責任重大，自殺身亡。這樣一起嚴重事故，經丁汝昌、李鴻章層層奏報，就成了：「鎮遠擦傷」，具體是「進港時為水雷浮鼓擦傷多處」。以致清政府真以為如此，下諭旨稱「林泰曾膽小，為何派令當此重任？」謊報軍情，使作戰計畫都發生改變。一八九五年二月，左一魚雷艇管帶王平駕艇帶頭出逃，至煙台後先謊稱丁汝昌令其率軍衝出，再謊稱威海已失。陸路援兵得訊，撤銷了對威海的增援。陸路撤援，成為威海防衛戰失敗的直接原因。

五、軍風軍紀蕩然無存

艱難的處境最考驗軍隊。北洋海軍在威海圍困戰後期，軍紀更是蕩然無存。首先部分人員不告而別。「當時醫院中人手奇缺，蓋中國醫生看護，多於戰前離去，自謂文員不屬於提督，依法不必留等語」；「北洋海軍醫務人員，以文官不屬於提督，臨戰先逃，洋員院長，反而服務至最後，相形之下殊為可恥」。

其次是有組織、攜船艇的大規模循逃。一八九五年二月七日，日艦總攻劉公島。交戰之中，北洋海軍十艘魚雷艇及兩隻小汽船在管帶王平、蔡廷干率領下結夥逃循，開足馬力企圖從西口衝出，結果「逃艇同時受我方各艦岸上之火炮、及日軍艦炮之轟擊，一艇跨觸橫檔而碎，余沿汀西竄，日艦追之。或棄艇登岸，或隨艇擱淺，為日軍所擄」。一支完整無損的魚雷艇支隊，在戰爭中毫無建樹，就這樣丟盡臉面地毀滅了。

最後更發展到集體投降。「劉公島兵士水手聚黨噪出，鳴槍過市，聲言向提督覓生路」；「水手棄艦上岸，陸兵則擠至岸邊，或登艦船，求載之離島」；「哨兵已不在崗位，弁卒多離營壘」；營務處道員牛昶炳請降；劉公島炮台守將張文宣被兵士們擁來請降；嚴道洪請降；「各管帶踵至，相對泣」。眾洋員皆請降。面對這樣一個全軍崩潰的局面，萬般無奈的丁汝昌「乃令諸將候令，同時沉船，諸將不應，汝昌復議命諸艦突圍出，亦不奉命。軍士露刃挾汝昌，汝昌入艙仰藥死」。

官兵「恐取怒日人」而不肯沉船，使鎮遠、濟遠、平遠等十艘艦船為日海軍俘獲，煊赫一時的北洋艦隊就此全軍覆滅。

只敢露刃向己、不敢露刃向敵。北洋軍風至此，軍紀至此，不由不亡。親歷戰鬥全過程的洋員泰萊，對這支艦隊評論如下：「如大樹然，蟲蛀入根，觀其外特一小孔耳，豈知腹已半腐。」

軍人生來為戰勝。不錯。但要戰勝敵人，首先必須戰勝自己！

中國近代史上最愛國的反動軍閥

劉秉光

他既是一個窮兵黷武、濫殺無辜、臭名昭著的反動軍閥，又是一位一腔熱血、忠肝義膽、誓死反抗日本侵略者的愛國將領。他究竟是誰？有著什麼樣的傳奇經歷？

他，當年在對付湘派軍閥時，曾下令掘開湖北簰州的長江大堤，致使數以萬計的無辜百姓葬身魚腹、無家可歸。他，當年排斥異己，到處調兵遣將，挑起軍閥之間的連年混戰，導致生靈塗炭、民不聊生。他，當年為阻撓和破壞京漢鐵路工人罷工，一手製造了震驚中外的「二七慘案」，致使大批工人、共產黨員慘遭鎮壓，血流成河。這個肆意踐踏無辜百姓生命，雙手沾滿共產黨員鮮血的反動軍閥，因其兇狠殘暴、荼毒生靈而犯下的滔天大罪，歷來被追求和平、自由的人們所痛恨和唾罵，就連歷史教科書中也把他定性為「反面人物」來批判和譴責。他，就是當年曾經叱吒風雲、飛揚跋扈、顯赫一時的直系軍閥頭子：吳佩孚。

然而，就是這樣一位對芸芸眾生不屑一顧、嗜殺成性、渾身沾滿血腥的反動軍閥，在國家受到外族侵略、主權遭受列強挑釁的危急時刻，卻能出人意料地挺身而出，首當其衝，振臂高呼。尤其是在「抗日救國」問題上，他更是堅韌不拔，義無反顧，嚴守立場，奮不顧身，譜寫了一曲弘揚民族氣節，堅持民族獨立，捍衛民族尊嚴的驚人篇章，堪稱中國近代史上最愛國的反動軍閥。

吳佩孚的愛國思想和抗日情結並非一時興起或心血來潮，而是從他熱血男兒般的骨子裡真切迸發出來的。童年時的吳佩孚就被岳飛、戚繼光抗擊外族入侵的愛國壯舉所震撼，被文天祥的「人生自古誰無死，留取丹心照汗青」、顧炎武的「國家興亡，匹夫有責」的愛國思想所激勵，在幼小年紀就堅定地愛國主義的思想。從手握重兵的軍閥首領淪落為大勢已去的空頭將軍，從「五四」運動延續到抗日戰爭，吳佩孚的愛國主義思想都以不同形式向世人展現著，且終生不渝，至死不休。

反對「凡爾賽條約」，反抗日本染指山東

巴黎凡爾賽「和平會議」上，如果沒有吳佩孚等愛國將領在國內的堅決支持，就沒有中國代表團拒絕在恥辱和約上簽字的國際壯舉。「五四」運動中，如果沒有吳佩孚對北洋政府義正詞嚴的大聲疾呼和激烈聲討，不知道會有多少愛國群眾和青年學生慘遭毒手，不知道會有多少個青島拱手讓予日本。

吳佩孚絕非一介武夫，他對日本覬覦中國已久的侵略野心和強占動機也早已洞悉明瞭。在給北洋政府的電文中，他冷靜地提出了「日人此次爭執青島，其意不止青島，其將來有希望大於青島數萬倍者」的看法，一針見血地揭露了日本企圖以青島為跳板侵略中國全部領土的狼子野心。後來發生的「九一八事變」和「七七事變」，無不證實了吳佩孚對

日本侵略欲望的遠見卓識。

對山東垂涎已久、志在必得的日本侵略者，企圖通過向北洋政府外交部提出《山東問題交涉案》，併發正式通牒，逼北洋政府就範。國難當頭的危急時刻，又是吳佩孚力排眾議、挺身而出，首當抗日先鋒。鑑於北洋政府在山東問題上的優柔寡斷、唯唯諾諾，吳佩孚多次公開表示「謹勵戎行，敬待後命，急難有用，敢效前驅」，不惜以武力與日本幹上一仗。他上書總統徐世昌，請他完全拒絕日本關於《魯案》直接交涉的照會和陰謀。他還呈文國務總理靳雲鵬，請其「拒絕直接交涉，駁還日牒，以釋群疑，而定人心」。由於吳佩孚的堅決抗爭，北洋政府最終未敢就山東問題直接與日本交涉。

吳佩孚的愛國思想和愛國激情，並沒有因為他的數次兵敗、大勢已去而出現滑坡和低落，反而變得更加堅定，更加激昂。雖然實力大減、一敗塗地，可吳佩孚不像其他下台的軍閥政客那樣，腰纏萬貫出洋「考察」或跑到租界去尋求外國人保護，而是不肯離開自己心愛的祖國，仍堅持在國內輾轉流亡。

抗戰中，拒絕日本拉攏，誓死不當漢奸

「九一八事變」後，蔣介石實行「不抵抗」政策，致使日本迅速占領我東三省。身在成都的吳佩孚「聞報，一夕不寢」。之所以徹夜不眠，是因為他對日軍的侵略行徑憤怒，對東北幾千萬同胞的命運擔憂，更是對國民政府「攘外必先安內」錯誤路線的否定。他發

電「抗議倭庭速返關東之地」，隨即返回北京「率師周旋」，同時他還在天津《大公報》振筆直書：「和內攘外」。這種為了國家利益、民族大義而公然與國民政府唱反調的愛國壯舉，有力地支援和促進了「一致對外」、「全力抗日」運動的蓬勃發展，一時間「逼蔣抗日」的呼聲高漲。

他不但致電反對末代皇帝溥儀擔任「滿洲國」皇帝，充當替日本侵略者奴役東北同胞的傀儡，而且還身體力行地向國人表達了自己決不當漢奸的決心。「七七事變」後，日本侵略者為了統治和奴役中國人民，準備在江南江北分別設立親日政權，並美其名曰「自治」。在南面，日本侵略者找到了汪精衛；在北面，他們則把眼光盯在了「中國第一流人物」吳佩孚身上。為了把吳佩孚拉下水，日本人用盡了威逼利誘、收買策反、恐嚇造謠等軟硬兼施的下流手段，均被吳佩孚以「自治者，自亂也」和「如要出山，請貴國人等一概退出，連東北也在內」一概拒絕。為了表明自己寧死不當漢奸的決心，吳佩孚還命人把自己的棺材擺在院子裡「陳棺言志」，讓那些對吳佩孚「出山」還抱有幻想的日使、漢奸們心存敬畏、望而卻步。

吳佩孚的這種不顧個人安危、不肯屈從於日本人的做法，不僅展示了他那堅定而又強硬的愛國骨氣，同時還影響了一大批良心未泯的中國軍人。北洋各派軍閥中，除了齊燮元等個別將領投靠日本做了漢奸外，大部分將領，如馮玉祥、鹿鐘麟、于學忠等人都積極投身於抗日愛國的運動中去。就連當年憑藉「賄選」當上總統的曹錕，也斷然拒絕了日本人讓其出山的要求，發誓不做漢奸。

為了逼迫吳佩孚就範，日本侵略者在一次中外記者招待會，強迫吳佩孚公開表明對「日中議和」的態度。會上，早已把生死置之度外的吳佩孚把日軍事先為他準備好的「發言稿」扔到一邊，赫然講到：「本人認為今天要講中日和平，唯有三個先決條件。一、日本無條件的全面撤兵。二、中華民國應保持領土和主權的完整。三、日本應以現在重慶的國民政府為全面議和的交涉對象。」不僅如此，吳佩孚還命人把自己的話原原本本地翻譯給所有人，並且「斷乎不能更改一字」！吳佩孚鏗鏘有力的發言和堅定果決的態度，猶如兩記響亮的耳光，扎扎實實地扇在了日本侵略者的臉上。

「甲午恥，猶未雪，民國恨，何時滅。駕長車，踏破扶桑魔窟。壯志饑餐島夷肉，笑談渴飲倭奴血。待重頭收拾舊山河，朝天闕！」這半闕經吳佩孚改過的《滿江紅》，是他臨死前交給朋友曾琦的贈物，雖然看起來有些蹩腳，但字裡行間所澎湃著的愛國熱情和抗日決心，卻絲毫不比當年嶽飛「精忠報國」的豪情壯志遜色。「抗戰必勝，日人必敗！」這不僅是吳佩孚送給部下的寄語，更是他一天到晚掛在嘴邊、至死也不停止的對日本侵略者的詛咒。

日本人對吳佩孚徹底失去了信心，更失去了耐心。為了除掉這塊在他們眼裡「又臭又硬」的鐵骨頭，一九三九年十二月四日，窮兇極惡的日本人派出特務強行進入到吳佩孚在北京的寓所，借為吳佩孚治療牙痛病之機，殘忍地將其殺害，享年六十六歲。

吳佩孚的一生，是罪惡與光環同在，遺臭與流芳一身，反動與愛國並存的一生，是富有傳奇色彩而又極具爭議的一生。作為北洋軍閥中繼袁世凱、段祺瑞之後的中心人物，吳佩孚與其他軍閥一樣，為了搶奪地盤、擴張勢力而窮兵黷武，鎮壓革命，難免存在著那個特定時代、特殊階段的反動烙印，具有明顯的時代和階級的局限性。但作為一個炎黃子孫，他的身上卻體現著中華民族最優良的品質——愛國主義。這種愛國主義思想，才是堅定國人抗戰必勝信念，激勵國人不屈不撓鬥志，樹立國人自立自強信心，維護國家獨立自主尊嚴，和最終實現中華民族偉大復興的強大動力。

一個雖然在人生歷程上有黑點、有瑕疵、有錯誤，但同時又積極抗日愛國的反動軍閥，必定會得到人們原諒和肯定的。吳佩孚逝世後，蔣介石發唁電弔喪，表彰其「精忠許國」、「正氣長存」、「大義炳耀」。最高國防委員會追贈吳佩孚為「一級上將」。重慶的報紙上，讚譽吳佩孚為「中國軍人的典範」。最難得的是，治喪期間，自發到吳佩孚寓所弔祭的人竟多達數千之眾；出殯之時更是萬人空巷，哭聲震天。人們用這種特殊的方式，表達了對吳佩孚這位中國近代史上最愛國的反動軍閥的祭奠和懷念。

魯迅兄弟的「七年之癢」

三耳

自然，「喜怒哀樂，人之情也」，然而窮人決（絕）無開交易所折本的懊惱，煤油大王那（哪）會知道北京檢（撿）煤渣老婆子身受的酸辛，饑區的災民，大約總不去種蘭花，像闊人的老太爺一樣，賈府上的焦大，也不愛林妹妹的。

——魯迅：《「硬譯」與「文學的階級性」》

像「安琪兒」、「潘朵拉」一樣，「七年之癢」是「洋詞兒」。其實，「七」並不因「上帝七日」而屬於西人。國粹也早有「五勞七傷」、「七情六欲」、「七出之條」等等。無非是說許多事情發展到第七年就會不以人的意志為轉移地出現一些問題，婚姻、親情或友誼也不例外。魯迅的一九一六年，涉及「七年之癢」。

查新版《魯迅全集》，一九一六年七月十八日：「上午得二弟信，十四日發（56）。得羽太家信，十一日發。……作扎半夜，可閔！」次日就有「寄羽太家信。寄二弟及弟婦函，附與三弟及東京寄來各箋（五十七）」的記載。

「56」是周作人寄來的信的編號，「五十七」是魯迅寄出給周作人的信的編號——魯迅在北京，知堂在浙江，僅僅半年多一點，雙方已經有信一百多封，兄弟之情溢於言表。

研究周作人的師兄告訴我：當初周家兄弟真是好得穿一條褲子，理髮洗澡甚至上廁所都形影不離。

二十多年前讀《傅雷家書》，嘆服傅雷夫婦把給兒子的信都謄抄一遍，然後編號，細心與愛心俱足，不料魯迅早已如此。

七年之後，一九二三年七月十八日，周作人給哥哥魯迅寫了研究界與坊間均震驚至今的「絕交信」，次日親手面呈魯迅。信的全文如下——

魯迅先生：我昨天才知道——但過去的事不必說了。我不是基督徒，卻幸而尚能擔受得起，也不想責誰——大家都是可憐的人間。我以前的薔薇的夢原來都是虛幻，現在所見的或者才是真的人生。我想訂正我的思想，重新入新的生活。以後請不要再到後面院子裡來，沒有別的話。願你安心，自重。

七月十八日，作人。

這是「魯迅研究」的著名「疑案」。

有專家痛斥羽太是「醜陋的日本人」，魯迅幾乎將所有的所得金錢都拿出來，連羽太全家都要接濟，可是羽太看病必請日本醫生，生活又不節儉，因經濟問題矛盾爆發。許廣平先生回憶，魯迅曾經慨嘆：我用黃包車馱來的，那裡比得過用汽車拉走的多而快？

或曰一眼就能夠看出是情感糾葛。於是就有「魯迅與羽太有染，終於被弟弟發現」一說。其他還有種種說法。關鍵是當事人後來的閉口不提。

魯迅一九二三年七月十九日的日記說了一句：「上午啟孟持信來，後邀欲問之，不至。下午雨。」其實魯迅十四日已經「改在自室吃飯」，不與弟弟媳合夥了，而那天周作人的日記卻隻字不提。

能夠確定的是：即便十四日已經「改在自室吃飯」，但是衝突並未升級。最有權威的是魯迅母親魯瑞老太太的話：「頭天還好好的，弟兄二人把書抱進抱出地商量寫文章……」（許羨蘇《回憶魯迅先生》——寫《魯迅評傳》的曹聚仁先生說，他其實沒有資格為魯迅寫傳，因為他「不姓許」：許壽裳、許廣平、許羨蘇、許欽文都比自己有資格。）

知情人或許也有，如「改在自室吃飯」的當晚就「伏園來即去」，孫伏園的學生加朋友、後來《晨報副刊》編輯，與魯迅過從甚密，也許會知道的。然而周氏弟兄及其親朋均不置一詞，後人亦夫何云？

但那絕交信卻大有潛台詞：「薔薇的夢」說明由來已久。「訂正我的思想」說明不僅僅是男女的因素。王曉明的《魯迅傳》評論：「從頭到尾是一種看清真相、大夢初醒的口氣，還隱約夾雜著一絲諒解魯迅的意思……」我們終於朦朦朧朧地感覺到事件的指向性，卻也僅此而已。

總之，魯迅與弟弟絕交了，他後來的小說裡有「魯四爺」、「趙七爺」、「藍皮阿五」等等，卻從來沒有「老二」。

總之，魯迅此後有一點點錢了，不必再「毫不利己」。

總之，一年之後的一九二四年，魯迅寫《〈俟堂專文雜集〉題記》一文，換了一個新筆名：「宴之敖者」。直到一九二六年寫「復仇主題」的小說《鑄件》（竊以為是《故事新編》裡最精彩的篇目）仍舊用「宴之敖者」作為斬掉自己的頭顱以復仇的主人公「黑衣人」的姓名，可見咬牙切齒之態。

「宴之敖者」，按照章太炎先生講的《說文解字》的拆字法，寶蓋頭從「家」，下面從「日」、從「女」，「敖」的繁體從「出」、從「放」——我是從自己的家裡被日本女人趕出來！

袁世凱稱帝前的煙幕彈

陶菊隱

袁世凱作為一個政客、軍閥，為人狠毒和功利，從登州投軍到位極人臣，再到逼清退位，以及最後倒行逆施，恢復帝制，直至最終撤銷帝制，撒手人寰，他的一生，是晚清到民國這段複雜混亂的歷史最真實的寫照。本篇擷取了馮國璋、梁啟超、張一麟一一被袁世凱矇騙的那段鮮為人知的歷史。

「天下最愚蠢的事情，莫過於做皇帝」

一九一五年年初，日本侵略者向袁政府提出了「二十一條」，中日關係極度緊張，袁世凱的總統變皇帝的連台大戲自不便公開表演。等到對日交涉以接受亡國條件而告一段落，袁世凱認為日本政府收了這筆厚禮，不會出頭來干涉他做皇帝了，因此帝制運動舊調重彈，且有急起直追之勢。

日本報紙的耳報神真快，首先把中國將恢復帝制的消息揭露出來。袁世凱看了這段譯文，立即發表談話說：「辛亥革命初起時，清室願意讓位於我，我堅決不肯接受。我如乘人之危取而代之，便是欺孤淩寡，不仁不義，不忠不信。為了保障皇室安全，我不惜犧牲一己，勉強出面來擔負艱危之局。我完全懂得古今中外帝王子孫都是沒有好下場的，天下最愚蠢的事情，莫過於做皇帝。我已犧牲了自己，豈忍再遺禍子孫！」

進步黨首領梁啟超非常關心這個謠言。雖然他和進步黨已被打入冷宮，但是他們在政治上沒有出路，只要袁世凱不做皇帝，不論做獨裁總統也好，做終身總統也好，他們都願為袁世凱繼續效勞。

梁啟超知道由共和倒退到帝制，是逆潮流而動，必將自取滅亡。他和某些人一樣，認為袁世凱不會真想做皇帝，而是想做一個皇帝化的總統。但他記起袁克定對他說的一席話，卻又不能不引起疑心。原來，這年年初，他接到袁克定的一張請帖，請他到湯山參加春宴。他如約前往，一眼看見只有主人和楊度二人在座，別無其他客人，就不免感到驚疑。袁克定滿面春風地迎接他說：「卓如先生，今天沒有邀請外客，我們好隨便談天。」接著，他們坐下來天上一句，地下一句，漫談中外古今，漸漸談到政治問題。袁克定似有意又似無意地問追：「近來外面輿論都認為共和制不適合中國國情，卓如先生有何高見？」這一問問得突然，梁啟超不知道怎麼回答才好，他愣了一會兒，才結結巴巴地說：「我生平只研究政體而很少研究國體。」

梁啟超對政治是很敏感的，他把袁世凱的話和復辟之謠，以及袁世凱的一切措施結合起來加以觀察，就肯定袁家父子正在搞帝制自為的把戲。他急忙去南京看馮國璋，想從馮國璋的口中探聽北京的政情內幕。

馮國璋是應袁世凱之召前來述職的。原來，對日交涉屈服後，袁世凱打算召集各省將軍進京舉行一次大規模軍事會議，公開宣布劃分軍區以及廢省改道等計畫。此時又有狗頭軍師提醒他：「現在正當籌備開國大典的時候，應使將士歸心，廢督廢省等問題還是以緩提為妙。而且，中日交涉解決不久，如果召開一次大規模的軍事會議，可能引起日本誤會，帶來新的麻煩。」袁世凱聽了這幾句話，又像冷水澆背一樣，於是改變計畫，分批電召各省軍人來京述職，藉以窺探他們對帝制問題的態度。

馮國璋一連見袁世凱三次，袁世凱待他特別親熱，每次都同他共進午餐。馮國璋談到外間關於帝制問題的許多推測。袁世凱說：「華甫，你我是自己人，難道你不懂得我的心事？我想謠言也不是無所本的，往日暴民專政時期，曾經有人說過，共和不適合國情，我在口頭上也曾流露過願意退歸田裡或者還政清室；近來新約法頒布，其中有總統得頒授爵位的一條，有人又認為這是變更國體的一個預兆。我早就感覺到，五族權利一律平等，既然滿、蒙、回、藏各族都可以封王封公，為什麼漢族同胞就不能享受同等權利呢？授爵條文對各民族都應不加限制，我一定要做到一視同仁。可是，為了避免誤解，目前我不打算授給漢族以爵位。」

馮國璋想說幾句話，可是沒有機會開口。袁世凱又往下說：「華甫，你我是自己人，我的心事不妨對你直說。現在總統的權力和責任已經與皇帝沒有區別，除非為兒孫打算，我實在沒有做皇帝的必要。至於為兒孫，我的大兒子身帶殘疾，老二想做名士，我給他們排長做都不放心，能夠叫他們擔負國家的重任嗎？而且，中國一部歷史，帝王家總是沒有好下場的，即使為兒孫打算，我也不忍心把災禍留給他們。當然，皇帝可以傳賢而不傳子。現在總統也可以傳賢，在這個問題上，皇帝和總統不也是一樣的嗎？」

馮國璋急忙擋住袁世凱的話頭，說：「總統說的是肺腑之言。可是，總統功德巍巍，群情望治，到了天與人歸的時候，只怕要推也推不掉的啊！」

袁世凱把眉頭緊蹙了一下，似乎要生氣的樣子，堅定地說：「不，我決不幹這種傻事！我有一個兒子在倫敦讀書，我已經叫他在那裡置了一點產業，萬一有人一定要逼迫我，我就出國到倫敦，從此不問國事！」

袁世凱說得如此斬釘截鐵，使馮國璋將信將疑。他去找政事堂機要局局長張一麟把袁世凱所講的話照述一番，並且問張一麟對這個問題的看法。這位蘇州才子在小站練兵時就做袁世凱的文案，參與機密最久，跟馮國璋的私交也很深。他說：「有是有這麼一回事，有人想做開國元勳，鼓動老頭子做皇帝，但是老頭子不會這麼傻。他的話是可以信得過的。」

馮國璋把以上談話都轉告了梁啟超，於是兩人同下結論說：「仲仁的話是信得過的，老頭子不會這麼傻！」

梁啟超的周圍經常有新聞記者往來，因此袁世凱、馮國璋二人的談話在上海報紙上發表了一部分，帝制之謠便又突然沉寂下來。

秘密設立籌安會

袁世凱有兩個外國政治法律顧問：一個是美國人古德諾博士，一個是日本人有賀長雄博士。這兩個人都是袁世凱用以推行帝制運動的開路先鋒。袁世凱為什麼要搬出這兩個外國寶貝來唱開台戲呢？這是因為：一個寶貝是美國人，美國為共和先進之國，精通政治學的美國博士尚且看出共和制不適合中國的國情，可見中國確有取消共和之必要。一個寶貝是日本人，日本為君主立憲制的強國，日本法學博士出面來鼓吹中國改行帝制，更可說明中國確有改行君主立憲制的必要。

一九一五年八月，古德諾將要回國的時候，袁世凱授意叫他寫了一篇《共和與君主論》，命法制局參事林步隨譯成中文，交《亞細亞報》發表。這是帝制運動公開化的第一聲。

這時，就有善觀風色的政客，秘密呈請改行帝制，袁世凱命內史夏壽田把他們的意見就商於楊度。袁世凱叫楊度授意徐佛蘇等先組織一個研究國體問題的學術性團體，並且網羅一批大名流參加，先為帝制運動製造輿論。袁世凱對任何重大問題，自己從不出面，叫楊度授意可以不落痕跡。袁世凱叫楊度只做幕後人，不要拋頭露面。但是，楊認為這樣一個改朝換代的大問題，應該讓他親自出馬，如果隱身幕後，將來做不了開國元勳，充其量不過是一名跳加官的小角色而已。

袁氏父子都想拉攏幾個大名流，掛出「學術團體」的招牌，以便欺騙國人。楊度則想包打包唱以免別人分功。為搶奪頭功，立即寫了一篇《君憲救國論》，託夏壽田轉呈。袁世凱親筆寫了「曠代逸才」四個字，製成長匾賜給楊度，並把這篇文章寄給段芝貴，叫他秘密付印，分發各省軍民長官參考。但仍沒有叫楊度出場露面之意。

楊度知道一個人包打包唱是做不到的，必須找幾個知名之士，才能使袁世凱滿意。他找到了孫毓筠、胡瑛、嚴復、劉師培、李燮和五人。這些「知名人士」，有的是楊度的老朋友，有的是被楊度硬拉過來做他的幫手的。

一九一五年八月十四日，楊度、孫毓筠、嚴復、劉師培、李燮和、胡瑛六人聯名通電各省，發表組織籌安會的宣言。宣言把「國家所歷之危險，人民所感之痛苦」，都歸罪到人民自己的頭上。接下去援引拉丁美洲各國內戰不停的惡例，以證明共和制不善。然後把美國「大政治學者」古德諾抬出來作為一塊金字招牌，認為「世界國體，君主實較民主為優，而中國則尤不能不用君主政體」。於是宣言論證說：「博士以共和國民而論共和政治之得失，自為深切明著。」最後，宣言又把筆鋒一轉說，他們組織這個學術團體，「以籌一國之安」，「將於國勢之前途及共和之利害，各攄己見，以盡切磋之議」，希望「全國遠識之士，惠然肯來，共相商榷」。

在發表這個宣言的同時，他們六人還聯名電請各省將軍、巡按使以及各公法團體派遣代表到北京，共同研討國體問題。但是，他們不等各省代表到來，即於八月二十三日在石駙馬大街成立籌安會，並自行決定以楊度為理事長。

假共和之名行專制之實

馮國璋回到南京不久，活靈活現的帝制機關「籌安會」公然宣告成立。馮國璋打電報問張一麟，張一麟只好承認他自己消息不靈通，事前毫無所聞。馮國璋不禁跳起腳來發火說：「老頭子真會做戲！他哪裡還把我當做自己人！」

宣言發表後，各省將軍、巡按使看出這個團體的後台老闆就是袁氏父子，因此紛紛派代表到北京，並且填寫志願書加入該會。於是這個學術研究團體進一步成為表決國體的團體，發表了主張「君憲」的第二次宣言。這個宣言雖是滿紙胡說，但在字裡行間也暴露了袁世凱假共和之名，行專制之實，並且對他的實力政治和以武力解散國會，廢除舊約法，頒布新約法等罪行，作了貨真價實的供狀。

該會原擬組織各省代表向代行立法院（參政院）舉行變更國體的請願，以示此舉出自真正民意，但因參政院已定於一九一五年九月一日開會，所謂各省代表來不及全體趕到北京，於是他們採取了偷工減料的速成辦法，指使各省旅京人士組織「公民團」，分途向參政院請願，所有請願書都由該會代為起草。一九一五年九月一日，參政院開會時，便有所謂山東、江蘇、甘肅、雲南、廣西、湖南、新疆、綏遠等省區的「公民代表」紛紛呈遞請願書。從籌安會成立到組織請願，為期不到十天，像這種高速度的「改革政治運動」，古今中外尚無其例。

孫中山為何要讓位給袁世凱？

劉照興

一九一一年十月十日，武昌楚望台的槍聲一響，革命的烽火很快燃遍全國，形成燎原之勢。統治中國兩百六十八年的清政府在熊熊烈火中迅速地瓦解了，「中華民國」在一片欣喜若狂的歡呼聲中誕生。然而，資產階級革命派的領袖、共和國的創始人孫中山卻讓位於清王朝舊臣、帝國主義走狗袁世凱，這件關係辛亥革命成敗的事一直讓人頗費猜測，這裡到底有什麼玄機？

一九一一年十二月二十五日，孫中山從國外歸來，一九一二年一月一日孫中山在南京就任臨時大總統。誰也沒有料到，一九一二年四月一日，任臨時大總統才三個月的孫中山卻辭去職務，把政權交給了袁世凱。當歷史的幕帳徐徐落下的時候，絕大多數的資產階級——革命派和立憲派都在為他們的這一選擇而歡欣鼓舞，只有當袁世凱稱帝的野心逐步昭然的時候，他們才發現自己的選擇是如此地愚昧。

從那時起，人們就開始進行反思：為什麼當時會把民國的政權拱手讓給袁世凱呢？對這一問題許多歷史學家都曾作過解釋，但眾說紛紜，莫衷一是。我認為，孫中山先生讓位給袁世凱，不是某一個人的主觀意願，其中有著複雜深刻的社會歷史背景，是歷史合力作用的結果。

第一種猜測：同盟會政治上的幼稚導致的幻想

首先，南京政府的腰桿不硬，對袁世凱的個人誠信產生了幻想。辛亥革命剛取得勝利，革命營壘內部就已呈現出一派分崩離析的現象。當時，領導這次革命的中國資產階級還沒有得到充分發展，十分軟弱無力，它的核心力量——同盟會政治理論上非常幼稚，組織上也鬆散龐雜；他們對帝國主義和封建勢力都缺乏深刻的本質認識；他們同廣大下層勞動群眾的嚴重脫離，使他們在異常強大的反動勢力面前感到自身缺乏力量；而地主階級反動勢力以及反對派的力量卻非常強大，虛偽狡猾、擁有實權的袁世凱成了反動勢力的核心力量。孫中山的「讓位」就是在這樣的階級力量對比下釀成的。

武昌起義時，孫中山正在美國北部哥羅拉多州進行籌募革命經費的工作。他經過再三考慮，認為自己當前的主要工作，不在「疆場之上」，而在「樽俎之間」（指宴席之間），他希望通過外交活動，斷絕清政府的後援，來一個釜底抽薪。結果，他沒有立即回國。

這一著棋孫中山沒有走好，他沒有及時給革命黨人以具體領導，也沒有考慮革命政權如何建設。他在國外時，就已經聽到一種輿論，即如果爭取到袁世凱擁護共和制度，可以讓袁出任民國總統。孫中山原來對袁世凱的印象並不怎麼好，覺得此人「狡猾善變」，不太靠得住。但他又希望避免流血，儘早實現革命目標，只要推翻清政府，廢除帝制，即使是袁世凱出來當總統，也未嘗不可。

一九一一年十二月二十五日，孫中山從國外歸來，面對著第一次各省都督代表會議通過的「若袁世凱反正，當公舉為臨時大總統」這樣的決議，他不得不承認這個既成事實。孫中山當選為臨時大總統後，主張「讓位」的呼聲仍然籠罩著革命黨人，包括孫中山身邊的一些重要人物，如黃興、汪精衛、胡漢民等人，都表示贊成讓位。

汪精衛曾行刺攝政王被捕而沒有砍頭，袁世凱在暗中進行了一些活動，所以汪精衛從清朝監獄出來後，立即主張「南北議和」，並派人到武漢說服黎元洪和黃興擁戴袁世凱為大總統。汪精衛甚至諷刺孫中山說：「你不贊成議和，難道是捨不得總統的職位嗎？」

革命黨人的二號人物、擔任臨時政府陸軍總長的黃興，對袁既有顧慮，又存幻想。黃興說，袁世凱是一個奸猾狡詐、膽大妄為的人，如能滿足他的欲望，他可以幫助我們推翻清朝；否則，他也可以像曾國藩替清朝出力搞垮太平天國一樣來搞垮革命。只要他肯推翻清朝，我們給他一個民選的總統，任期不過幾年，可以使戰爭早停，人民早過太平日子，豈不好嗎？黃興的這種看法，在當時革命黨人中是很有代表性的，也完全符合當時孫中山的思想實際。

孫中山認為清政府統治的結束就是革命的成功，而隨著革命的成功就會到來一個政治民主和工商業繁榮的好時代。他只求民國的招牌早早掛起，革命的形勢早早結束，好讓他在「安定的秩序」下完成自己的實業救國理想。因此，應該說，「讓位」是包括孫中山本人在內的大多數革命黨人的意見。「讓位」在當時特定的歷史條件下是不可避免的，歸咎於孫中山個人的失策是不公允的。

孫中山是很善於從實踐中總結經驗教訓的。他後來終於認識到把政權拱手讓給袁世凱是一個歷史性的錯誤。他沉痛地寫道：「我的辭職是一個巨大的政治錯誤，它的政治後果正像在俄國如果讓高爾察克、尤登尼奇或弗蘭格爾跑到莫斯科去代替列寧而就會發生的一樣。」

第二種猜測：袁世凱複雜的面孔讓資產階級產生了錯覺

袁世凱在清末「新政」政績頗著，得到了資產階級的信任。

一九〇五年七月二日，袁世凱在戊戌變法後第一個奏請大清國實行立憲政體：「救亡非立憲不可，立憲非取法鄰邦不可。」九月二日，袁世凱和張之洞聯合上奏：諸立停科舉，以便推廣學堂，咸趨實學。已經延續千年的封建專制的科舉考試，竟然在袁世凱的推動下壽終正寢。十月二十三日，袁世凱又有奏章呈遞：請諭准大清國自造京張鐵路，並保派詹天佑先行查勘。這是中國第一條自力更生建造的鐵路。同時，在「新政」時他還曾編練新軍，並運用這支武裝力量，游刃於尖銳複雜的帝國主義和中華民族矛盾之間，並把勢力滲透到朝野上下，成為中外推崇的「強人」。

他任直隸總督兼北洋大臣時，不遺餘力地推行「振興實業」、「獎勵工商」等政策，運用政權力量建立起以一批現代企業為主幹的經濟基礎，並在地方自治、吏治、司法、員警、兵政、教育、路礦、財政等方面進行了系統革新，客觀上促成了直隸民族資本主義的發展和資產階級的成長，洋洋大觀的「北洋新政」得到了各地資產階級的青睞。

在立憲運動中，袁世凱與立憲派進一步建立了政治聯盟，為憲政改革而痛切陳詞於皇上，奔走策劃於京津，竭力敦促清廷實行立憲改革，從而贏得了資產階級的喝彩。

在軍事力量對比上，袁世凱控制著訓練有素的北洋六鎮七萬多精兵，再加上仍然忠於清帝國的禁衛軍和其他新軍，總兵力達十四萬多人（新軍總數為二十四．一萬人）。而南京臨時政府方面，號稱革命的各色民軍很多，絕大部分是會黨乃至綠林隊伍改編而成；雖然人數上遠多於北方，武器裝備、訓練、指揮和紀律等都遠遜於對方，從而成了資產階級拉攏的物件。

在經濟力量對比上，南京臨時政府已到了難以支撐的邊緣，已走進了死胡同，但袁世凱出任清帝國內閣總理後畢竟仍牢牢控制著東北和華北大部，中央財政的基礎仍在，原有的徵稅系統沒有打亂，軍費比較充足。所以，與袁世凱締結和議，以防天下大亂，成了資產階級共同的願望。

加之，袁世凱的陰險狡詐，使革命黨人無法看清他的本來面目。此人的社會政治經驗遠比那些年輕而天真的革命黨人豐富得多。袁世凱原是北洋軍閥的首領。辛亥革命時，他受命為清政府的內閣總理大臣，掌握軍政大權，成為中外反動派所倚重的實力人物。武昌起義後，他知道清朝的垮台已無法拯救，而革命火焰也無法用武力來撲滅。

於是，他便採取又打又拉軟硬兼施的反革命兩手策略：他用一隻拳頭來打倒清朝政府，而用另一隻拳頭來對付臨時政府。他用來打倒清朝政府的武器是「革命」，他用來打倒革命民主派的武器是「統一」。「議和」就是袁世凱施展又打又拉的產物。

一九〇九年袁世凱被開缺回籍後，使他在此後的階級鬥爭愈演愈烈的兩三年中，遠離政治鬥爭的旋渦，受到清廷的猜疑，使得資產階級產生袁世凱是清廷對立面的錯覺。更有一部分革命黨人把袁世凱視為「同種」，與「異族」的清王朝區別開來。

正是由於以上諸多原因，使得社會各階層，包括資產階級的各階層，普遍產生了「非袁不可」的心理。

第三種猜測：帝國主義對袁世凱的支持，是迫使孫中山讓位的重要原因

在袁世凱與孫中山之間，帝國主義與資產階級，其選擇是一致的，那就是擁袁棄孫。

辛亥革命後，大多數革命黨人並不認識帝國主義真面目，以為中國的積弱只是因為清政府的昏庸腐敗，只要把它推翻了，中國就會逐步走上獨立富強的道路，甚至天真地認為他們既然是資產階級革命，就是以西方為榜樣的，這樣可能會得到西方國家的援助，所以革命起來後總是小心翼翼地避免觸動帝國主義列強在中國的既得利益。

他們在對外宣言中，宣布承認清政府與帝國主義間所簽訂的一切不平等條約，繼續償付賠款和外債，企圖以此來換取帝國主義對革命的同情和對革命政府的承認，只要推翻腐朽的清王朝，中國的根本問題便可解決，殊不知那是革命黨人一廂情願的事。在武昌起義的槍炮聲中，清政府的統治土崩瓦解。

為維護自己的侵華權益，帝國主義在「嚴守中立」的偽裝下，一方面，不斷在軍事、經濟、外交上向革命黨人施加壓力，逼迫革命黨人妥協；另一方面，支持袁世凱當政，特別是在外交方面。

英國外交大臣葛壘說：「我們對於袁世凱懷有極友好的感情和尊敬。我們希望出現一個政府，有充足的力量可以無所偏倚地對待各國，並能維持國內秩序以及革命後發展對華貿易的有利條件。這樣的政府將獲得我們所能給予的一切外交援助。」他們積極策劃南北和談，提出所謂「非正式照會」，逼迫南方向袁世凱妥協。

帝國主義看中的是袁世凱，把他作為自己在中國的代理人，對袁竭力支持，而對革命黨人施加壓力。英、美、德、日各國軍艦駛進長江，耀武揚威，俄國軍隊集結於我東北北部，日本軍隊在我國東北南部、內蒙東部蠢蠢欲動；外交上，帝國主義國家不承認孫中山的南京臨時政府；輿論上，帝國主義報紙顛倒黑白，對革命派橫加指責；財政上，帝國主義加緊對南京政府實行經濟封鎖，海關稅收分文不給，致使南京臨時政府財政十分困難。

一九一一年十二月二十日舉行的「南北議和」過程，也就是袁世凱竊取臨時大總統席位的過程。這個「議和」一開始就是袁世凱與英國公使朱爾典約同德、日、俄、美五國代表密商後，由英駐漢口總領事傳話，向各省都督代表提出來的。帝國主義不僅在整個議和過程中為袁世凱密謀策劃，而且公開告訴革命黨人，只有讓袁世凱當選大總統才能得到他們的認可。為了避免帝國主義的干涉，革命黨人自然只有趕緊讓袁世凱出來做總統，以便儘快結束「戰亂」。

孫中山「讓位」於袁世凱，將政權拱手讓出，使中國資產階級民主革命遭受了嚴重的挫折，給革命造成極大的危害。孫中山在「讓位」的過程中對袁世凱做了一些力所能及的鬥爭，雖然不是無益的，但所採取的防範袁世凱危害民國的措施，則無濟於事。

辛亥革命的果實最終被袁世凱所竊取，大地主、大資產階級的獨裁統治又在中國開始建立起來，「中華民國」成了一塊空招牌。這在歷史上一直被人認為是一大憾事，在令人惋惜的同時，也使人們認識到：革命不會一蹴而就，在通往民主的道路上也必將充滿了坎坷和泥濘。事物的發展是前進性與曲折性的統一，需要人們進行前仆後繼的努力才能成功。

宋慶齡為何不與孫中山合葬？

楊國選

一九八一年，宋慶齡病逝於北京。有人猜測，她會同孫中山合葬或附葬於南京中山陵嗎？出乎意料，宋慶齡遺體火化後的第二天，骨灰就用專機運往上海，安葬於萬國公墓的宋氏墓園。

其實，這麼做完全是出於尊重宋慶齡生前的囑託、安排。人們不禁要問：宋慶齡為何不與孫中山合葬？

一生為公，不求身後有何特殊？

宋慶齡逝世的三個月前，十六歲就到她身邊幫助料理家務達五十三年之久、被她一直尊稱為「李姐」的李燕娥因病逝世。宋慶齡曾囑咐李的骨灰與她的骨灰要葬在一起。為此，她在給私人秘書的書面指示中「畫了一個草圖，標明李姐和她自己墓碑的位置應在她父母合葬墓的左右等距，都平放在地上」。宋慶齡安排與她的父母及家人、與終生為她服務的「李姐」葬在一處，符合她的思想和性格的邏輯，是可以理解的。

宋慶齡為什麼沒有提出與孫中山合葬於中山陵？廖承志在《我的弔唁》一文中解釋說：「她一生地位崇高，但她從未想過身後作什麼特殊安排。台灣有些人說，她可能埋葬在南京紫金山中山陵，她想也不曾想過這些。中山陵的建造構思，她不曾參與過半句，也不願中山陵因為她而稍作增添，更不想現在為此花費國家、人民的錢財。」

依戀雙親，某種歉疚之後的選擇？

《宋慶齡傳記》的作者伊斯雷爾．愛潑斯坦還說：「她認為，孫中山的歷史業績是他的功勳，她不應去分享。另外，她父母的墓地在文化大革命中曾遭破壞，後經周總理下令修復。是不是因此而使她覺得她必須永遠陪伴在她父母身邊？她一生為公，但在她看來，死是私人的事情。」

宋慶齡總是懷著某種歉疚之情依戀雙親，尤其是她的母親。一九三一年七月二十三日，宋慶齡母親病逝於青島，流寓柏林的宋慶齡立即起程回國。在火車上，當她聽一位親戚講述她母親患病及去世的經過時，十分悲痛，「幾乎哭泣了整整一夜」……

一九四九年，國民黨當局竭力宣揚孫中山早已與之離婚的前夫人盧慕貞才是唯一的、真正的孫夫人時，傳聞說宋慶齡表示：「他們可以說我不是孫夫人，但沒有人能夠否認我是父母親的女兒。」愛潑斯坦分析說：「這可能是最早透露出她的一種想法，這種想法使她在病危時提出要同她父母葬在一處的要求。」

對宋慶齡刺激最深的還是「文革」時，上海的紅衛兵「砸爛」了她雙親在萬國公墓的墓地，「推倒石碑，把墓中骸骨挖掘出來，實行『暴屍』」。《宋慶齡傳記》講述：「墓地遭破壞的照片從上海寄到北京時，宋慶齡身邊的工作人員第一次看到她精神上支持不住而痛哭起來。廖夢醒把這些照片送給周恩來。周下令上海市有關部門立即將宋墓修復，並在竣工後拍了照片寄給宋慶齡。但並沒有全部照原樣修復。原來的墓碑上列著所有六個子女的名字，而新墓碑上只有宋慶齡一人。……『文化大革命』結束之後，又重新換了墓碑，完全復原。」

心懷隱憂，一種決絕乃至警示？

一九七九年二月，宋慶齡在寫給一位美國人的信中說：民主和法制開始占上風並顯示出來……最近舉行的黨的三中全會是一大勝利。

這位滄桑老者，即使乘風破浪之際，也難免對前程的波詭雲譎不無隱憂甚至有某種焦慮。也許瀕危之際的宋慶齡感慨於自己的愛侶和導師的身後命運，以歸葬家族墓園的至囑，含蓄又確定無疑地表示了自己對習於造神和迷信盲從的民族性痼疾的決絕乃至警示？

歷史
不忍細讀

歷史不忍細讀

作者	《百家論壇》編輯部
發行人	林敬彬
主編	楊安瑜
編輯	蔡穎如
內頁編排	帛格有限公司
封面設計	王立群
出版	大旗出版社　行政院新聞局北市業字第1688號
發行	大都會文化事業有限公司
	110台北市信義區基隆路一段432號4樓之9
	讀者服務專線：(02)27235216
	讀者服務傳真：(02)27235220
	電子郵件信箱：metro@ms21.hinet.net
	網　　址：www.metrobook.com.tw
郵政劃撥	14050529 大都會文化事業有限公司
出版日期	2010年4月初版一刷
定價	250元
ISBN	978-957-8219-99-1
書號	History-15

Chinese (complex) copyright © 2010 by Banner Publishing,
a division of Metropolitan Culture Enterprise Co., Ltd.
4F-9, Double Hero Bldg., 432, Keelung Rd., Sec. 1,
Taipei 110, Taiwan
Tel:+886-2-2723-5216　Fax:+886-2-2723-5220
E-mail:metro@ms21.hinet.net
◎本書由鳳凰出版傳媒集團鳳凰出版社授權繁體字版之出版發行。
◎本書如有缺頁、破損、裝訂錯誤，請寄回本公司更換。
【版權所有　翻印必究】

Printed in Taiwan.
All rights reserved.

大旗出版 BANNER PUBLISHING　大都會文化

國家圖書館出版品預行編目資料

歷史不忍細讀／《百家論壇》編輯部著.
-- 初版. -- 臺北市：大旗出版社
大都會文化發行, 2010. 04
面； 公分. --（History ; 15）

ISBN 978-957-8219-99-1（平裝）

1.中國史　2.歷史故事

610.9　99003903

大都會文化　讀者服務卡

書名：歷史不忍細讀

謝謝您選擇了這本書！期待您的支持與建議，讓我們能有更多聯繫與互動的機會。

A. 您在何時購得本書：______年______月______日

B. 您在何處購得本書：__________書店，位於__________(市、縣)

C. 您從哪裡得知本書的消息：

1.□書店　2.□報章雜誌　3.□電台活動　4.□網路資訊

5.□書籤宣傳品等　6.□親友介紹　7.□書評　8.□其他

D. 您購買本書的動機：（可複選）

1.□對主題或內容感興趣　2.□工作需要　3.□生活需要

4.□自我進修　5.□內容為流行熱門話題　6.□其他

E. 您最喜歡本書的：（可複選）

1.□內容題材　2.□字體大小　3.□翻譯文筆　4.□封面　5.□編排方式　6.□其他

F. 您認為本書的封面：1.□非常出色　2.□普通　3.□毫不起眼　4.□其他

G. 您認為本書的編排：1.□非常出色　2.□普通　3.□毫不起眼　4.□其他

H. 您通常以哪些方式購書：(可複選)

1.□逛書店　2.□書展　3.□劃撥郵購　4.□團體訂購　5.□網路購書　6.□其他

I. 您希望我們出版哪類書籍：（可複選）

1.□旅遊　2.□流行文化　3.□生活休閒　4.□美容保養　5.□散文小品

6.□科學新知　7.□藝術音樂　8.□致富理財　9.□工商企管　10.□科幻推理

11.□史哲類　12.□勵志傳記　13.□電影小說　14.□語言學習（____語）

15.□幽默諧趣　16.□其他

J. 您對本書(系)的建議：

____

K. 您對本出版社的建議：

____

讀者小檔案

姓名：____________ 性別：□男　□女　生日：____年____月____日

年齡：□20歲以下 □21～30歲 □31～40歲 □41～50歲 □51歲以上

職業：1.□學生 2.□軍公教 3.□大眾傳播 4.□服務業 5.□金融業 6.□製造業

7.□資訊業 8.□自由業 9.□家管 10.□退休 11.□其他

學歷：□國小或以下 □國中 □高中／高職 □大學／大專 □研究所以上

通訊地址：________________________________

電話：（H）____________（O）____________ 傳真：____________

行動電話：______________E-Mail：______________________

◎謝謝您購買本書，也歡迎您加入我們的會員，請上大都會文化網站 www.metrobook.com.tw 登錄您的資料。您將不定期收到最新圖書優惠資訊和電子報。

歷史
不忍細讀

北區郵政管理局
登記證北台字第9125號
免 貼 郵 票

大都會文化事業有限公司
讀 者 服 務 部 收

110台北市基隆路一段432號4樓之9

寄回這張服務卡〔免貼郵票〕
您可以：
◎不定期收到最新出版訊息
◎參加各項回饋優惠活動

大旗出版
BANNER PUBLISHING

大旗出版
BANNER PUBLISHING